Jeanne Moreau

AF477970

Hommage

Jeanne Moreau

JOVIS

Filmmuseum Berlin – Deutsche Kinemathek
und Internationale Filmfestspiele Berlin

© 2000 by
Filmmuseum Berlin – Deutsche Kinemathek
und jovis Verlagsbüro

Redaktion:
Rolf Aurich, Wolfgang Jacobsen, Gabriele Jatho

Leitung der Retrospektive:
Wolfgang Jacobsen

Organisation:
Martin Koerber

Gestaltung und Layout:
Volker Noth Grafik-Design/Ehret

Umschlagfoto:
Filmmuseum Berlin – Deutsche Kinemathek

Satz und Lithografie:
Satzinform, Berlin

Druck:
DBC Druckhaus Berlin-Centrum
GmbH & Co. Medien KG, Berlin

jovis Verlagsbüro
Kurfürstenstraße 15/16
10785 Berlin

ISBN 3-931321-72-X

Inhalt

Jeanne Moreau, fünfziger Jahre

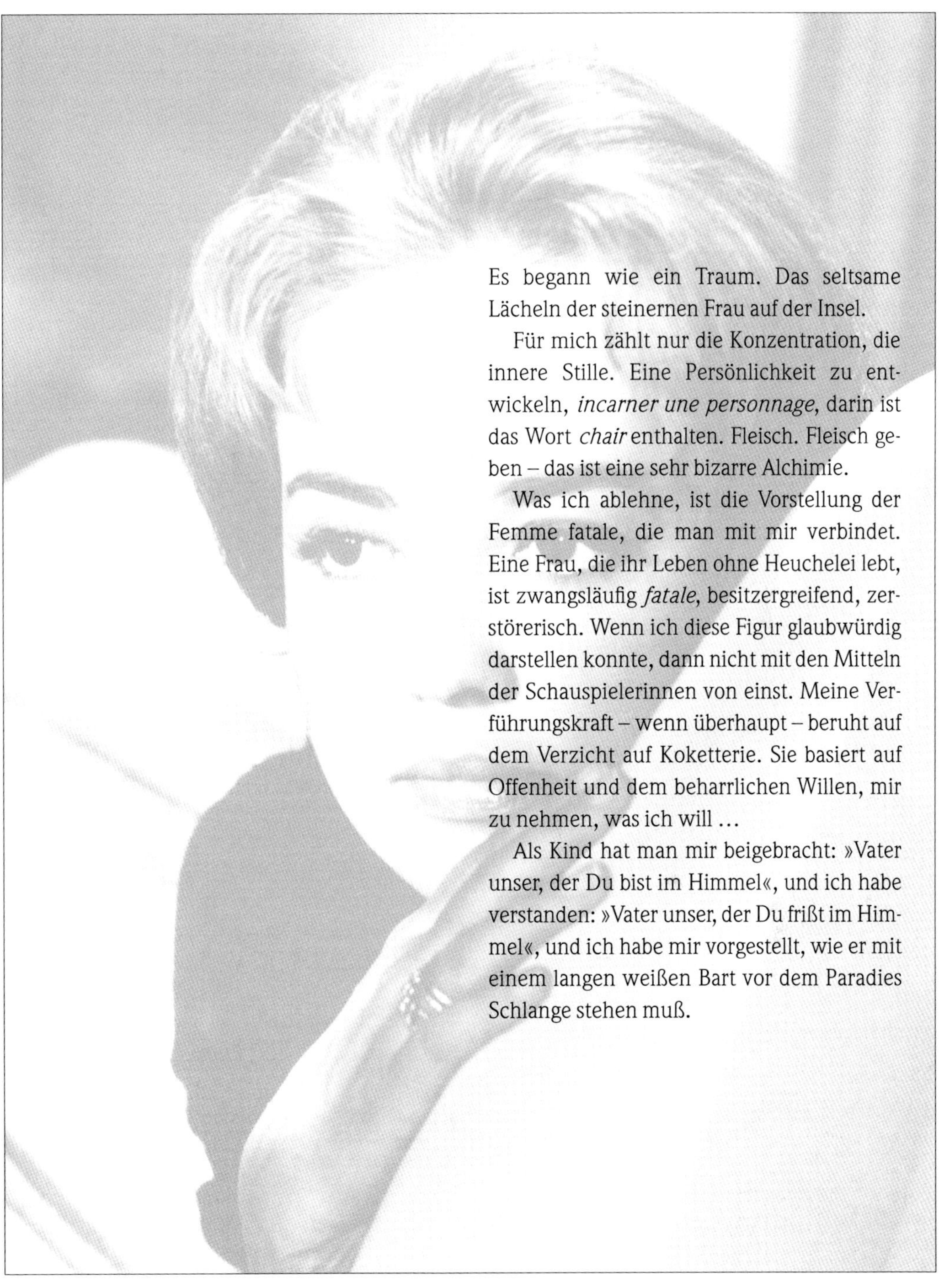

Es begann wie ein Traum. Das seltsame Lächeln der steinernen Frau auf der Insel.

Für mich zählt nur die Konzentration, die innere Stille. Eine Persönlichkeit zu entwickeln, *incarner une personnage*, darin ist das Wort *chair* enthalten. Fleisch. Fleisch geben – das ist eine sehr bizarre Alchimie.

Was ich ablehne, ist die Vorstellung der Femme fatale, die man mit mir verbindet. Eine Frau, die ihr Leben ohne Heuchelei lebt, ist zwangsläufig *fatale*, besitzergreifend, zerstörerisch. Wenn ich diese Figur glaubwürdig darstellen konnte, dann nicht mit den Mitteln der Schauspielerinnen von einst. Meine Verführungskraft – wenn überhaupt – beruht auf dem Verzicht auf Koketterie. Sie basiert auf Offenheit und dem beharrlichen Willen, mir zu nehmen, was ich will ...

Als Kind hat man mir beigebracht: »Vater unser, der Du bist im Himmel«, und ich habe verstanden: »Vater unser, der Du frißt im Himmel«, und ich habe mir vorgestellt, wie er mit einem langen weißen Bart vor dem Paradies Schlange stehen muß.

Jules et Jim: Jeanne Moreau

Peter W. Jansen

Der Gang,
die Augen, der Mund

Ich habe mein Leben bekommen wie der Bauer sein brachliegendes Feld. An mir liegt es, das Unkraut auszureißen, die Steine einzusammeln, den Boden zu verbessern.

Man kommt ihr mit Sympathie nicht bei, Respekt aber wäre schon Verachtung. Sie ist zum Lieben oder Fürchten, und glücklich kann nur werden, wer beides tut. Man muß sehr stark sein, wenn man es mit ihr aufnehmen will, aber man ist nie stark genug. Nie stärker als sie. Soll man die Männer bewundern, die es mit ihr gewagt haben? Oder waren sie nur beschränkt in ihrer Selbstüberschätzung?

Ihr hat es an Selbstbewußtsein nie gemangelt, ob sie es ablehnte, die Elisa im »Pygmalion« unter Jean Wall zu spielen, so daß ihr Förderer Jean Marais die Regie selbst machen mußte, oder ob sie bis 24 Stunden vor der Niederkunft damit wartete, den Kindsvater Jean-Louis Richard zu heiraten. Während Brigitte Bardot kaum damit leben konnte, eine schlechte Mutter zu sein, und Romy Schneider daran zerbrach, endlich Mutter sein zu können, scheint sie damit nie ein Problem gehabt zu haben. Oder wenn sie später nie dazu kommen konnte, mit Ingmar Bergman, der in den sechziger Jahren der Traumregisseur für sie gewesen wäre, oder mit Fritz Lang oder Luchino Visconti zu arbeiten, so war das gewiß dem Terminkalender zuzuschreiben – den aber hat sie immer selbst geschrieben.

In den Classes Préparatoires des Conservatoire National d'Art Dramatique wäre Louis Jouvet als Lehr- und Zuchtmeister der ideale Partner für sie gewesen. Sie aber mußte mit Denis d'Inès vorlieb nehmen, der seinem Vorgänger an Härte kaum nachzustehen schien, ihm aber an Süffisanz wahrscheinlich sowenig gleichkommen konnnte wie sonst einer. Manche ihrer späteren Rollen sahen so aus, als seien sie die weibliche Ausgabe von Rollen Jouvets, mit der gleichen Mischung aus Trauer und Arroganz, aus Radikalität und Weltschmerz – die gleiche Ironie der Vergeblichkeit.

Sie hat für die bedeutendsten Filmregisseure der Epoche vor der Kamera gestanden, für Louis Malle und Luis Buñuel, François Truffaut und Peter Brook, Michelangelo Antonioni und Joseph Losey, Orson Welles und Jacques Demy, Elia Kazan, Marguerite Duras, Rainer Werner Fassbinder, Wim Wenders. Wenn man sie fragt, wie es bei diesem und wie anders es bei jenem anderen gewesen sei, dann setzt sie ihr tödliches Lächeln auf und sagt: sie vergleiche nie, weder Filmregisseure noch Liebhaber. Das paßt zu ihr wie zu niemandem sonst: sie ist ein Star, zu dessen Glamour die Intelligenz gehört. Ihre erotische Ausstrahlung hat immer auch eine Aura des Intellekts. Spätestens seit Truffauts JULES ET JIM ist das so geworden, und das war 1962, und sie selbst war 34. Selbst wenn sie neben Brigitte Bardot in VIVA MARIA spielt und an körperlicher Aggressivität nicht zurückstehen mag, selbst dann ist sie ambivalent, doppelwertig, doppeldeutig: ein erotisches Versprechen und eine erotische Gefahr; überlegen, selbst wenn sie zu unterliegen scheint; niemandes Beute, sondern selber Jägerin oder Partnerin des Jägers; die sexuelle Selbstbestimmung in Person. Der amerikanische Regisseur William Friedkin, mit dem sie Ende der sieb-

ziger Jahre verheiratet war, nannte sie einen großen kalten Raum, in dem jeder Mann nur kurzzeitig ein Feuer entfachen könne. Nur gelegentlich Femme fatale und kaum einmal Vamp, geht von ihr soviel Selbstgewißheit aus, daß Männer an ihren eigenen Wünschen verzweifeln können. Mit ihr, das steht fest, ist erotisch nicht gut Kirschen essen. Oder es ist unvergleichlich. Truffaut hat diese schillernde Kraft auf den Punkt gebracht, als er sie in La Mariée était en noir reihenweise die Mörder ihres Bräutigams umbringen ließ – und jeder Mord lief über die Illusion des Sexuellen.

Sie ist, bei aller Hingabe, stets auch ironisch, und vielleicht trägt dazu besonders ihre Oberlippe bei, die etwas zu kurz geraten zu sein scheint. So bleibt selbst in Filmen der totalen, der rücksichtslosen Leidenschaft, der *amour fou,* ein unaufgelöster Rest, eine reservatio mentalis, ein letzter Vorbehalt. Das gilt selbst für ihre Rolle in Les Amants von Louis Malle, dem ersten Skandalfilm ihrer Karriere, dem weitere folgen sollten: sie hat niemals Angst davor gehabt. Denn es waren niemals Skandale um ihrer selbst willen, sondern weil sie einen Mißstand, einen gesellschaftlichen oder existentiellen, einen politischen oder privaten, einen ethischen oder ästhetischen denunzierten. In ihren Rollen, durch ihre Rollen hindurch läßt sie alle Mühen der Modernität spüren, ihre Müdigkeiten genauso wie die Dekadenz und Morbidität, ihre Unsicherheiten und ihre Verfallenheit.

Alle, die mit ihr gearbeitet haben, haben ihre Professionalität gerühmt; alle haben stets gewußt, daß sie mit dem Edelsten und Kostbarsten konfrontiert waren, was das europäische Kino sein eigen nennt. Einer ihrer genauesten Beobachter war Luis Buñuel. Als er Le Journal d'une femme de chambre mit ihr drehte, war er auf sie gefallen nicht zuletzt wegen ihrer Art zu gehen. »Ich habe mir«, schrieb der alte

Anarchist in seinen Lebenserinnerungen, »ein besonderes Vergnügen daraus gemacht, Jeanne Moreau beim Gehen zu filmen. Wenn sie geht, zittert ihr Fuß leicht auf dem Absatz des Schuhs. Ein Mangel an Stabilität, der beunruhigt. Sie ist eine wunderbare Schauspielerin. Ich brauchte ihr nur zu folgen.« Das war 1963. Knapp zwanzig Jahre später, 1982, macht ein anderer, sehr viel jüngerer Filmregisseur mit der Mittfünfzigerin von damals ganz ähnliche Erfahrungen. Seine einzige Regieanweisung für sie soll gewesen sein: »You just have to be great«, oder in seiner, in Fassbinders Sprache: sie brauche nur toll zu sein. QUERELLE war Fassbinders erste Begegnung mit ihr und zugleich sein letzter Film. Sie hat ihm die Liebeserklärung, die seine Regieanweisung war, nie vergessen. Noch auf dem Set von QUERELLE hat sie in einem Interview geantwortet: »I've made many films in my life, films, poems und beauty are my passion. This time my passion is totally fulfilled. With no frustration. I think that I'll come out of this film different than the woman I was, when I arrived.«

Dieses Mal wurde ihre leidenschaftliche Liebe für das Kino, die Poesie und die Schönheit in der Tat vollkommen erfüllt, weil sie es mit einem Gleichgesinnten zu tun hatte, einem, der wie sie sein Leben in der Arbeit am Film lebte; es mit vollen Händen ausgab; der seine privaten Leidenschaften öffentlich machte, indem seine Filme von nichts anderem sprachen. Und auch diesmal kam sie anders aus einem Film heraus, als sie hineingegangen war. Denn so hat sie es immer gehalten mit ihren großen Filmen: sie hat sich mit ihnen verwandelt. Das ist für sie immer das größte ihrer Abenteuer gewesen, weil auch sie nicht wissen konnte, wie sie aus einer Verwandlung hervorgehen würde. »Für mich«, sagt sie, »zählt nur das Abenteuer.« Und: »Jede Arbeit korrespondiert mit einer Periode meines Lebens.«

Moderato Cantabile: Jeanne Moreau, Jean-Paul Belmondo

Le Feu follet: Jeanne Moreau

Daß sich Wörter wie Liebreiz und Anmut bei ihr verbieten, mag, wer weiß das außer ihr, in ihrer Kindheit begründet sein. Da sie als Junge gewünscht worden war, wurde sie wie ein Junge aufgezogen, soll stets aufgeschlagene Knie gehabt und in den Ferien auf dem Land Giftschlangen gesucht und dem Apotheker verkauft haben. Der Beruf des Vaters Anatole Désiré Moreau wird mit Hotelier oder auch Kneipier angegeben, was wahrscheinlicher ist – schließlich verlor er sein »Cloche d'Or« und war nur noch Kellner. Da hatten er und seine Frau, Kathleen Buckley, eine englische Revuetänzerin in der höflicheren Version, ein Tiller Girl in den Folies-Bergères in der wohl realistischeren, sich getrennt, und die zwölfjährige Tochter lernte am Montmartre die Vergnügungslokale kennen, die der billigeren Sorte. Dann las sie ohne Unterlaß, zumal Emile Zola, dessen Romane aus dem gleichen Milieu, in dem sie lebte, sie verschlungen haben muß, ehe das Theater ihre Leidenschaft wurde und sie vollkommen okkupierte. Es soll Anouilhs »Antigone« gewesen sein, das hellenische Widerstandsstück, in dem sich die Résistance wiedererkannte, das auch sie überwältigte, 1944. Dann sah sie in der Comédie Française die »Phèdre« des Racine mit der grandiosen Marie Bell – und wußte, daß sie Schauspielerin werden wollte und nicht mehr, wie bisher, Tänzerin wie die Mutter.

Viel Liebe scheint das Kriegskind, das bald eine Schwester haben sollte, kaum bekommen zu haben von der von der Sorge um die Töchter vollkommen besetzten Mutter in der engen Wohnung an der Place Blanche, nicht weit von der Place Pigalle, dafür aber Englisch als zweite Sprache, als Muttersprache im eigentlichen Sinne. Kathleen Moreau nämlich hatte den Kontakt zu ihrer Familie in England nicht abreißen lassen, und so war sie wieder einmal mit beiden Töchtern auf der Insel, als im September

1939 der Krieg ausbrach. Die Rückreise nach Paris muß außerordentlich beschwerlich gewesen sein; jedenfalls soll sie vom Neujahrstag 1940 bis Februar gedauert haben, immerhin noch rechtzeitig, bevor die Deutschen Paris einnahmen. Ihr eigener Film L'Adolescente spielt 1939 und ist eine Reflektion über die Unvereinbarkeit der Pubertät eines heranwachsenden zwölfjährigen Mädchens – sie selbst war zu der Zeit elf Jahre alt – mit dem Eigenleben, das die Mutter für sich einfordert, und mit den politischen Ereignissen voller Hitler und Fremdheit.

Irgendwie, so genau weiß man's nicht, schaffte sie das Baccalauréat – am Lycée Edgar-Quinet –, und irgendwie brach sie den Widerstand des Vaters gegen Privatstunden, die sie nahm, um vorbereitet zu sein für die Aufnahmeprüfung am Conservatoire, im Juni 1947 soll es gewesen sein. Wochenlang wurde Molières »Tartuffe« geprobt, und wochenlang hatte sie »mon père« zu sagen, die beste Geduldsprobe für die späteren Retakes auf dem Set. Noch während sie lernte, verbissen und zäh – Cocteau sollte sie später mit einem Stahldraht vergleichen –, lernte sie Jean Vilar kennen, der sie ausgesucht hatte für ein Debüt in Avignon, für eine winzige Rolle auf einer Nebenbühne des Palais des Papes. Aber die Rolle und die Arbeit konnten so klein nicht gewesen sein, als daß die Schauspielelevin nicht begriffen hätte, welch andere, modernere Theaterkonzeption Vilar vertrat, ganz anders als die traditionelle der Comédie Française. Sie würde darauf zurückkommen.

Zuerst aber war die Ausbildung zu Ende zu bringen, als ihr, sie war noch nicht einmal zwanzig, noch vor der Abschlußprüfung ein Vertrag als jüngste festangestellte Schauspielerin der Comédie Française angeboten wurde, mit der Auflage, weiter am Unterricht teilzunehmen. Davon konnten sie

Les Liaisons dangereuses 1960: Jean Marais, Jeanne Moreau

Ascenseur pour l'échafaud: Jeanne Moreau

Les Amants: Jean-Marc Bory, Jeanne Moreau

auch die Geburt ihres Sohnes und die Heirat mit Jean-Louis Richard nicht abbringen, dem späteren Drehbuchautor Truffauts und Regisseur eigener Filme, wie etwa auch eines Mata-Hari-Films mit ihr. Anders als die Mutter, die sich, als die Tochter geboren wurde, von der Bühne zurückgezogen hatte, verfolgte sie um so ehrgeiziger ihre Karriere, an der Comédie Française, in ersten Filmen und schließlich wieder bei Jean Vilar. Der nahm sie abermals mit nach Avignon und ließ sie neben dem gleichaltrigen Gérard Philipe, der Jahre später ihr Partner in den Les Liaisons dangereuses 1960 von Roger Vadim sein sollte, im »Cid« von Corneille spielen – und die Nathalie in Kleists »Prinz von Homburg«, in einer historischen Aufführung, mit der Kleist zum erstenmal in Frankreich bühnenfähig gemacht wurde. Sie wechselte das Engagement und spielte statt in der Comédie in Vilars Théâtre National Populaire, das im Palais Chaillot, dessen Bühne Inszenierungen wie unter freiem Himmel erlaubte, untergekommen war, und gastierte mit der Truppe auch in Deutschland. Und am Broadway spielte sie, in der Sprache ihrer Mutter, neben Olivia de Havilland in der englischen Version ihres Pariser Triumphes »L'Heure éblouissante«.

Es ist Nacht in Paris, und sie geht durch die dunklen, nur von den Läden, Bars und Laternen erleuchteten Straßen, hektisch zuerst mit schnellen kurzen Schritten, größere erlaubt der enge Rock ihres schwarzen Kostüms nicht, eine elegante Erscheinung mit frisch ondulierten blonden Locken; Autos müssen vor ihr bremsen, so abgelenkt und unaufmerksam ist sie. Madame Carala fragt sich und fragt überall herum in den Bistros und an einer Tankstelle, wo Monsieur Tavernier bleibt. Sie kann nicht wis-

sen, was der Zuschauer weiß: Julien Tavernier, der Monsieur Carala (Jean Wall! wie sich die Leute doch wiedersehen!), einen reichen Waffenhändler, ermordet hat, kann das Rendezvous mit Florence Carala, seiner Geliebten, nicht einhalten, weil er in einem Fahrstuhl gefangen steckt, im ASCENSEUR POUR L'ÉCHAFAUD. Musik setzt ein, die gestopfte Trompete von Miles Davis, während Florence Carala unschlüssig durch die nächtlichen Straßen und Boulevards streift, langsamer jetzt, nachdenklich; ihre Lippen bewegen sich im Selbstgespräch. Und während die Kamera von Henri Decaë sie vorher, bei den Trippelschritten, in der Totalen zeigte, ist ihr Blick, mit der sie die Frau begleitet, auf ihren Oberkörper gerichtet, und man sieht sie gehen, weil man ihre Schultern sieht. Sie schwingen abwechselnd und rhythmisch nach vorn und weichen nach hinten zurück, und es ist, als ob sie sprächen: wir gehen, ich gehe, es geht; wir zeigen euch meinen Gang, ach was, ich zeige euch den Gang schlechthin.

Diese Rolle war erheblich größer geworden, wurde größer geschrieben, als feststand, wer sie spielen sollte – in ihrem 21. Film, auch wenn fast alle anderen zwanzig nichts taugten, ein Profi, während der Regisseur ein Anfänger war und sich auch ein bißchen gefürchtet haben muß. Ehe er ihr nicht nur auf dem Set erlag, ihr, die von sich wußte: »Ich brauche einen besonderen Kontakt mit einem Regisseur, um alles aus mir herausholen zu können. Ich muß eine Art von Osmose mit ihm finden.« Und er würde viele Jahre später noch sagen: »Ich glaube, es war das Intelligenteste, was ich machen konnte: ich nahm sie so, wie sie war. Und ich zeigte das, was faszinierend an ihr war. Sie konnte von unglaublicher Schönheit sein. Aber in der nächsten Einstellung, im nächsten Augenblick veränderte sie sich vollständig. Sie besaß dabei eine Wahrhaftigkeit. Sie war eine komplexe Frau – und plötzlich war sie für alle eine Offen-

Eva: Jeanne Moreau

Le Journal d'une femme de chambre: Jeanne Moreau

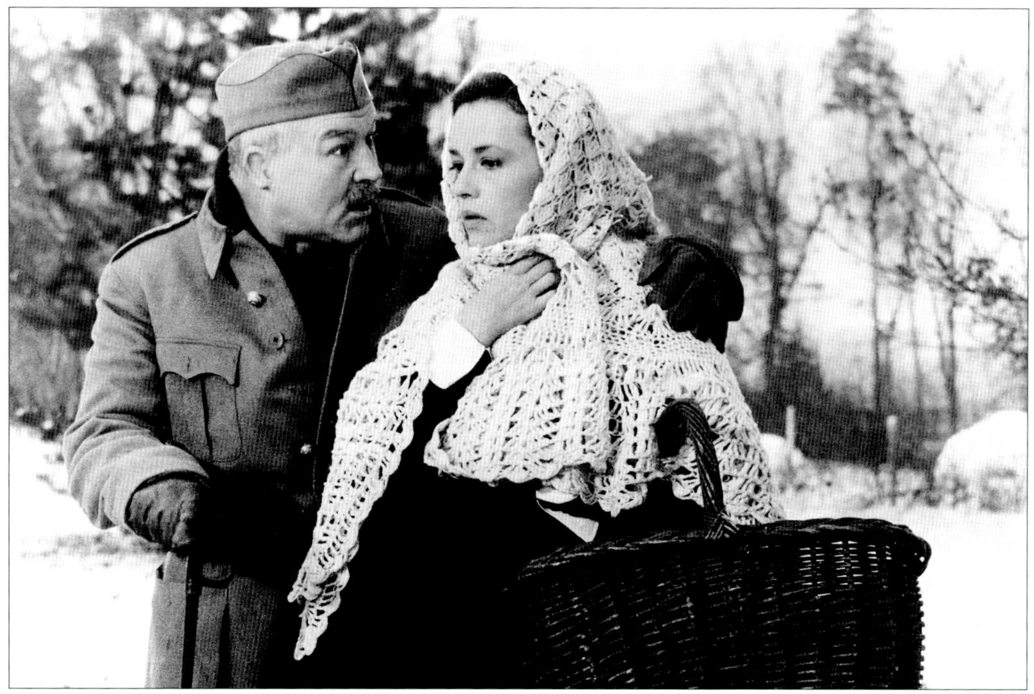

barung.« Er nahm sie, wie sie war, was heißt: ihr mußte man nicht sagen, was sie zu tun hatte; sie war die Rolle, indem sie sie selbst war; indem sie das tat, was sie auch sonst getan hätte; indem sie ging, wie sie auch sonst gegangen wäre.

»Louis Malle sei Dank, weil er uns gezeigt hat, wie Jeanne Moreau geht, weil er verstanden hat, daß ein Großteil ihres Geheimnisses in ihrem Gang liegt«, wird Luis Buñuel sagen, und alle anderen, die mit ihr gearbeitet haben, verstanden es auch. Zuerst noch einmal Louis Malle, der sie bei Mondschein (und Les Amants, der Film in Schwarz-Weiß wird zu einem Film aus Silber und Platin) durch den Park der Villa schickt, in dem Jeanne Tournier einen reichen, zynischen Ehemann, den Zeitungsverleger Henri Tournier hat, den sie nicht liebt, und eine Tochter, die sie – das wird der Skandal des Films sein, weshalb man ihn in Adenauers Bundesrepublik nur verstümmelt zu sehen bekam – verlassen wird. Um eines jungen Mannes willen, des Studenten Bernard, der in dieser Nacht ihr Liebhaber wird, in der Nacht, in der ihr Pariser Galan, der fade Playboy und Polo-Spieler Raoul Florès – Henri Tournier hatte darauf bestanden, ihn einzuladen – gleichfalls unter dem Dach des gehörnten Ehemanns schläft. Sie kann nicht schlafen in dieser Nacht nach einem steifen Diner voller Peinlichkeiten, geht durchs Haus und hinaus in den Park, und aus dem Schatten des Hauses tritt Bernard, der ihr erst zögernd, dann immer entschlossener folgt. Wieder scheinen ihre Schultern leicht zu beben, wenn sie in einem bodenlangen weißen Gaze-Negligé, das zu Gegenlichtaufnahmen geradezu einlädt, auf die der Film weitgehend verzichtet, über den Rasen und die Kieswege, eine Holzbrücke und ein Stauwehr geht, und die Schwingungen der schmalen Schultern sind das Echo ihrer schmalen Fesseln.

An denen werden sich in LE JOURNAL D'UNE FEMME DE CHAMBRE der alte Monsieur Rabour und der 63jährige Buñuel delektieren, Buñuel, indem er der Schauspielerin echte Seidenstrümpfe zur Verfügung stellt, und Monsieur Rabour, indem er die Zofe Célestine in hochhackigen Stiefeletten durch seinen Salon trippeln läßt. Die Kamera, für Buñuel ungewöhnlich, steht knapp über dem Boden und scheint der Frau hinterherzulaufen, wie schon vorher im Garten, wo Célestine eine Art von Probelauf zu absolvieren schien. Jetzt, im Zimmer des greisen Bonvivant, hat sie auf Geheiß des alten Mannes, der ihr leid tut und sie amüsiert zugleich, den langen Rock nur knapp angehoben, bis zur Mitte der Waden etwa, aber darauf kommt es nicht an. Sondern auf die Zerbrechlichkeit der Knöchel, die von den Stiefelchen nur soeben noch daran gehindert werden, beim Gehen umzuknicken. Merkwürdiger und irritierender Widerspruch kommt von der Tonspur: das feste, fast militärische Klappern der Hacken.

Es ist die Ambivalenz ihrer besten Filme, die Doppeldeutigkeit und Ambiguität, wenn sie zugleich zart und unbeugsam, zerbrechlich und biegsam, dünnhäutig und stahlhart erscheint. Joseph Losey hat sie so gesehen und inszeniert in Venedig und Rom, in Hotels der internationalen Spitzenklasse wie dem »Danieli« und in exklusiven Appartements und Villen, die Edelprostituierte Eva, die dem falschen Schriftsteller und Bestsellerautor Tyvian Jones, dem »bloody Welshman«, wie sie dem Waliser nachrufen wird, zum Schicksal wird. In EVA wird ihr zum erstenmal das Format der radikal selbstbewußten und egoistischen, dominanten und zerstörerischen Frau zugemutet, einer »Femme totale«, deren Anmutung der traditionellen »Femme fatale« nur noch der Leim ist, auf den masochistisch veranlagte starke Männer wie Tyvian Jones geradezu fliegen.

Les Amants: Jeanne Moreau

Eva: Jeanne Moreau

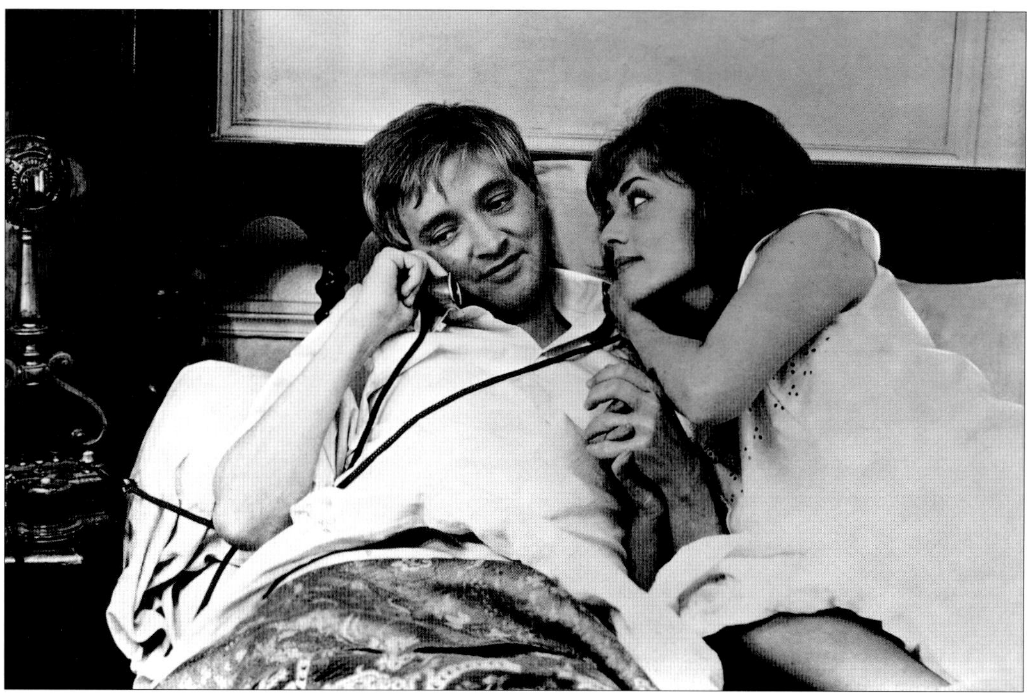

Irgendwann, das Schwache besiegt das Starke, wird sie die Peitsche nehmen und den kantigen Stanley Baker, der sich mit eckigen Bewegungen aufzuplustern pflegt wie ein Hahn, aus dem Paradies ihres Bettes vertreiben. Kein Wunder, daß sie lieber allein ist. Denn nur so kann sie sich selbst genießen vor dem Spiegel des Boudoir, im luxuriös ausgestatteten Bad, im teuersten Hotel Venedigs, das sie für eine Liebesnacht, die nicht stattfinden wird, verlangt.

Wieder ist es Nacht, und es regnet in Strömen. Ein Motorboot, ein *motoscafo*, hat an der venezianischen Laguneninsel Torcello angelegt, und Eva ist mit einem reichen alten Freier in eine einsam gelegene Luxusvilla eingebrochen. Sie geht gleich aus der Wohnhalle die freiliegende Treppe hinauf ins Obergeschoß und breitet sich und ihre Sachen aus in dem modern (und kalt) eingerichteten glamourösen Schlafzimmer, auf einem gigantischen Bett. Während der Mann, in dessen Begleitung sie kam und den sie weggeschickt hat, gegangen ist, um unten in der Halle Feuer im Kamin zu machen, schnüffelt sie tänzelnd und spielerisch herum, faßt alles an, nimmt mehrere Exemplare ein und desselben Buchs mit dem Foto des Mannes, den sie hier noch kennen lernen wird, in die Hand, zieht sich lässig aus, streicht mit der Hand über eine schlanke Vase, läßt ein Bad einlaufen, steigt in die breite, in den Boden eingelassene Wanne. Der lärmende Dialog, der jetzt von draußen zu hören ist, die schimpfende Stimme eines Mannes, der sich über die Anwesenheit ungebetener Gäste beschwert, die beschwichtigenden Sätze des Mannes, mit dem sie gekommen ist –: all das kümmert Eva nicht.

Zum erstenmal, der Film ist gerade mal fünfzehn Minuten gelaufen, hat sie ein Solo, das nicht gestört werden kann, auch nicht durch den Hausherrn Tyvian Jones. Als der die Schallplatte, die sie aufgelegt

Jules et Jim: Oskar Werner, Jeanne Moreau

hatte, stoppt, steigt sie aus dem Bad, wickelt sich in ein Badetuch, gleitet durch den Raum und startet die Platte neu. Und während die beiden Männer in der offenen Tür stehen und zu ihr hinsehen, würdigt die Frau sie keines Blicks. Geradezu somnambul – kann die Verachtung größer sein? – bewegt sie sich zu dem Rhythmus des Blues durch den Raum. Es ist »Willow Weep for Me«, einer der beiden Billie Holiday-Songs, die Losey gegen die Sparmaßnahmen seiner Produzenten, der Hakim-Brüder, hatte durchsetzen können; denn ursprünglich hätte der ganze Film nur von Holiday-Blues begleitet und erfüllt sein sollen, während er jetzt, ein Torso nur noch der mehr als zweieinhalbstündigen Urfassung, von Jazz-Kompositionen Michel Legrands immerhin adäquat intoniert wird.

»Loveless Love«, noch einmal Billie Holiday mit dem zweiten ihrer Blues, ist wieder vom Plattenspieler – als echte *source music* – zu hören in der dramatischsten und herzlosesten Szene. Tyvian Jones, mit Francesca verlobt, aber Eva verfallen, hat sie – Francesca ist für einen Tag nach Rom gefahren – wieder mitgenommen in sein im Ödland von Torcello liegendes Haus. Sie hat ihm sein eigenes Bett verweigert, und er, heftig betrunken, hat die Nacht im Erdgeschoß auf dem Fußboden liegend verbracht. Es ist Morgen, als Eva den Plattenspieler in Gang setzt und Francesca, so früh ganz unerwartet, mit einem Taxiboot zur Insel kommt. Sie findet Tyvian noch auf dem Boden schlafend vor und steigt der Musik nach die freiliegenden Stufen empor. Wieder steht die Tür zum Boudoir offen, und wieder bewegt sich Eva im Blues-Rhythmus, eine langstielige Rose in der einen, eine Zigarette in der anderen Hand. So zieht sie an der in der Tür wie erstarrt stehenden Gruppe, der entsetzten Francesca und dem hilflos leicht nach vorn gebeugten hinter ihr verharrenden Tyvian, vorbei: sie sind das Publikum ihres Solos,

La Notte: Jeanne Moreau, Marcello Mastroianni

Eva: Jeanne Moreau, Stanley Baker

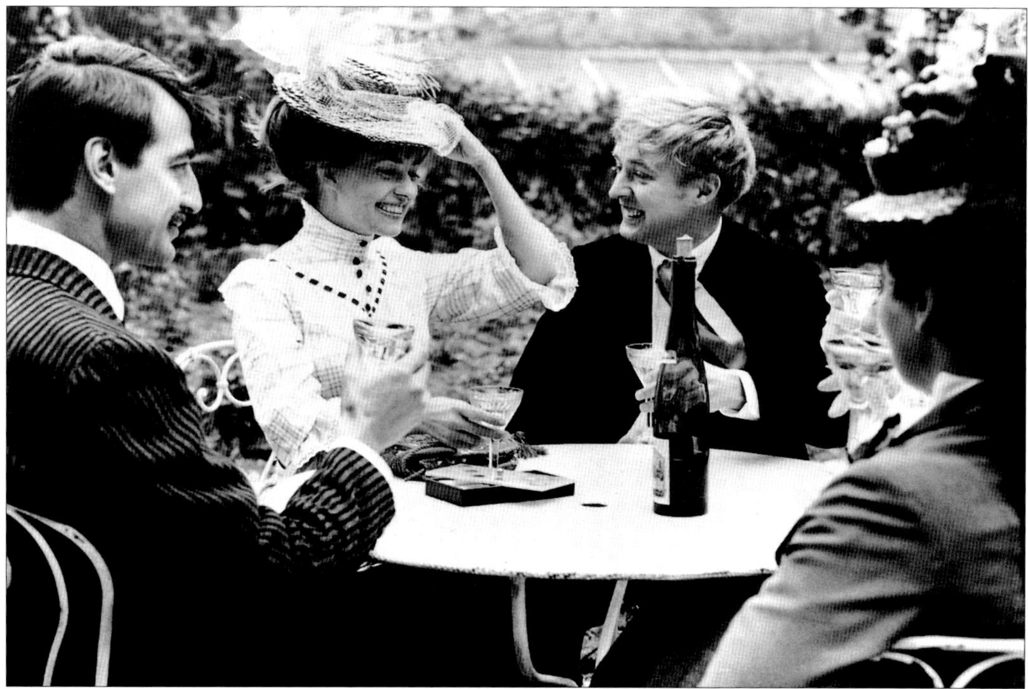

Zuschauer, deren Anwesenheit sie zugleich wahrnimmt und sichtlich genießt, andererseits aber mit wahrlich beleidigender Arroganz leugnet – wie die Primaballerina einer ebenso ausgefeilten wie intriganten Choreographie, die sich dem Pas de deux verweigert hatte und jetzt ihren Spitzentanz vollführt. Hier ist sie der eigenen Mutter nahe sowie fern und überlegen zugleich, die Schauspielerin der Tänzerin, die es zum Solo nie gebracht hatte.

Was sie denn am meisten liebe, hatte Tyvian Jones sie gefragt, und sie hatte geantwortet: »money« – mit einer im Altbereich liegenden leicht rauchigen Stimme, ein Wort vom Gewicht eines ganzen Dialogs, wahrscheinlich mit einer Intensität geübt wie vor mehr als einem Jahrzehnt das »mon père« in den Proben der Schauspielschülerin der Comédie Française für »Tartuffe«. Money und das Glücksspiel um gigantische Einsätze beim Roulette wie in EVA werden im gleichen Jahr 1962 die Leidenschaft der Jackie Demaistre in Jacques Demys LA BAIE DES ANGES sein; denn wenn sie etwas tut, tut sie es bis zum Äußersten, weil sie (noch mehr als *money,* das nur ein Zeichen für etwas anderes ist) vor allem das Abenteuer, den Augenblick, das Leben liebt – und es stets mit absoluter Intensität zu leben begehrt. Worin sich eine Ahnung von Vergänglichkeit offenbart, eines nahezu permanenten Bewußtseins von der Gegenwart des Todes. In fast allen ihren Filmen gibt es solche Momente, von LES AMANTS über MODERATO CANTABILE und LA NOTTE bis zu JULES ET JIM, MADEMOISELLE und UNE HISTOIRE IMMORTELLE, atemberaubende, bestürzende Momente jener »Wahrhaftigkeit«, von der Louis Malle gesprochen hat.

Sie spiele weniger als daß sie sich verhalte, hat Losey von ihr gesagt, »aber sie verhält sich in paradoxen, dem Leben entliehenen Situationen genau richtig, und man muß sie dann filmen, als geschehe alles

in Wirklichkeit. Das Wunder ihres Spiels ist vor allem das einer Frau, die sich einer Unzahl von Hindernissen gegenüber sieht und sie überwindet, indem sie alle ihre Fähigkeiten einsetzt.« Es gehört zu den Geheimnissen von Eva, daß diese Eva, die wie eine Geisha trippeln, wie eine billige Hure keifen und wie eine *grande dame* schreiten kann, nicht als Monster erscheint, sondern als eine Frau in ihrem Stolz und Selbstbewußtsein; und die im schlimmsten Fall so ist, wie sie ist, weil die Männer sie so haben wollen.

Vor Losey und vor Buñuel hatte schon Michelangelo Antonioni mit ihr fortgesetzt, was mit ihrem Gang durch die nächtlichen Straßen und auf den Boulevards von Paris und mit Louis Malle begonnen hatte: sie weniger eine Rolle spielen als sie sie selbst sein zu lassen. In La Notte ist sie Lidia, die Frau des erfolgreichen, aber ausgepowerten Schriftstellers Giovanni. Sie haben beide, einander im Lauf der Jahre fremd geworden, ihren sterbenden Freund Tommaso, Zeugen ihres früheren Eheglücks, am Krankenbett besucht, und Lidia hat, von Schmerz überwältigt, das Zimmer verlassen. Sie wird noch mit Giovanni zu dem gesellschaftlichen Ereignis einer Buchpremiere gehen und später in der Nacht in eine Bar und zu einem opulenten und von Dekadenz imprägnierten Gartenfest eines reichen Industriellen.

Jetzt aber läuft sie wie ziellos durch die tosenden Straßen von Mailand, bis sie sich mit einem Taxi an den Rand der Stadt fahren läßt, in eine wüste, häßliche Gegend, in die Bezirke des Subproletariats, in denen sie einst mit Giovanni glücklich war und wo jetzt aber die Häuser abgerissen werden. Sie beendet einen blutigen Kampf unter Halbstarken, wird von einer Frau, die ihr ein Zimmer anbietet, für eine Prostituierte gehalten und sieht zu, wie Burschen auf freiem Feld, die Szene könnte von Fellini sein,

Moderato Cantabile: Jeanne Moreau

The Victors: Jeanne Moreau

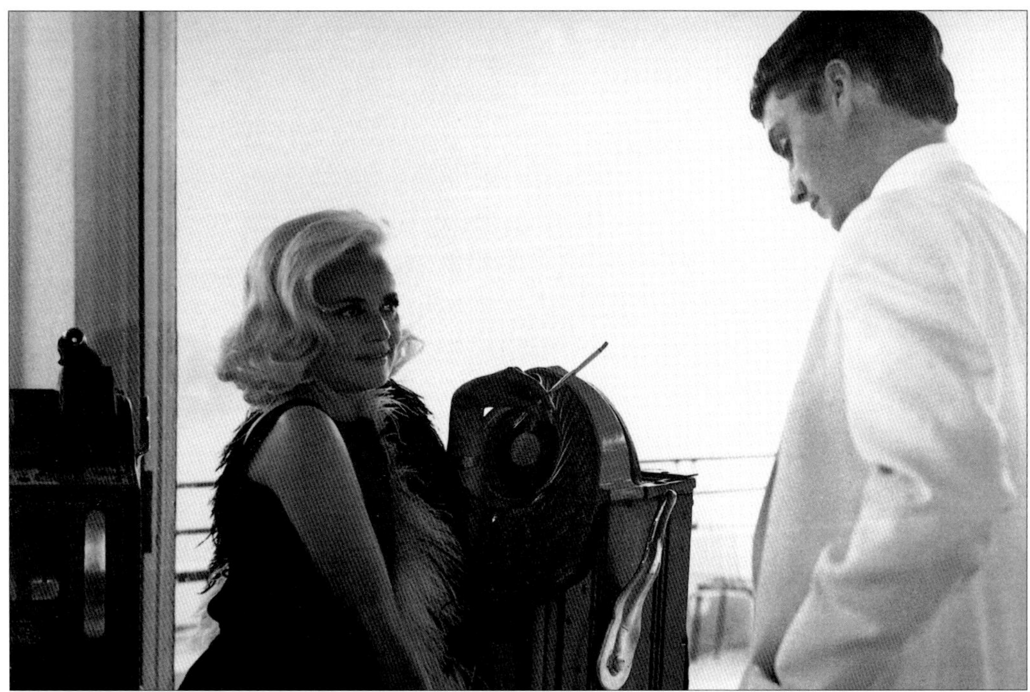

Raketen steigen lassen. Ungefähr zwölf Minuten lang ist Lidia allein unterwegs, zwölf Minuten fast ohne Dialog, unterbrochen nur von zwei Sequenzen, die Giovanni in der eleganten, luxuriösen Wohnung des Paars in einem langweiligen teuren Neubauviertel zeigen. Zwölf Minuten Einsamkeit sind das, erfüllt von ihrer unfaßlichen Präsenz, zwölf Minuten, in denen nichts und alles geschieht, zwölf Minuten für den Zuschauer, seine Kontemplation und seine Skepsis. Doch was wie die Vorführung eines seltenen Tieres erscheinen könnte, Augenfutter für den Voyeur, ist nur: interessant, faszinierend und wunderbare Gelegenheit, dieser Frau zuzusehen, der Motorik ihres Körpers, den Bewegungen ihrer Arme und Hände – sie trägt nur eine kleine Tasche bei sich –, dem Rhythmus ihres Rückens und ihrer Schultern, ihren Schritten, die zugleich fragil und fest erscheinen. Und dann kann es geschehen, daß man beim wiederholten Sehen dieser zwölf Minuten, die wie das Solo einer Jam Session auf einer Langspielplatte sind, Entdeckungen macht. Und sei es die, daß das leichte Wiegen ihrer Schultern der Reflex vom Zittern ihrer Fesseln sein muß, hinaufgestiegen über das Scharnier ihrer schmalen Hüfte. Und daß die Festigkeit, die bei aller Fragilität ihrem Gang eignet, aus einem kräftigen Becken zu kommen scheint. Ein Gang in seinem Widerspruch. »Mir scheint die Technik, die ich anwende«, sagte Antonioni, »direkt mit dem Wunsch verbunden zu sein, den Personen zu folgen, um ihre geheimsten Gedanken zu enthüllen. Vielleicht irre ich mich, wenn ich meine, man könne sie zum Sprechen bringen, wenn man ihnen mit der Kamera folgt.« Er hat sich nicht geirrt.

Sie sollte dreißig Jahre später ihrem Partner Marcello Mastroianni wiederbegegnen, als die Frau, die ihn, den verschwundenen Politiker, in Theo Angelopoulos' Le Pas suspendu de la cigogne, identifizie-

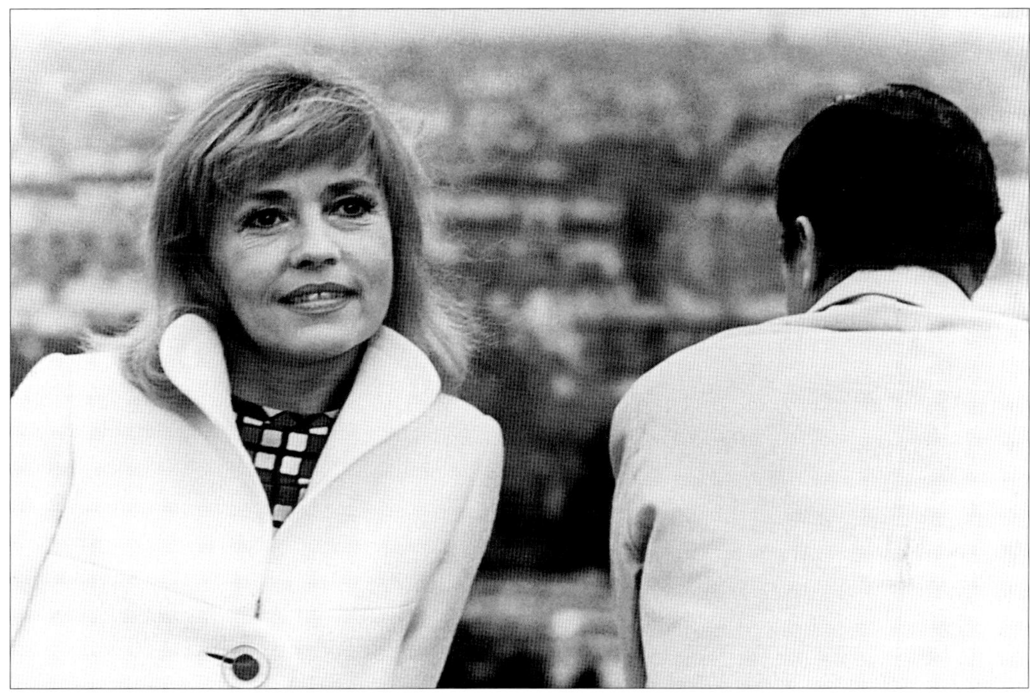

ren soll. »It was a lovely moment, Marcello and I had so much emotion, because we were in love with one another when we did LA NOTTE.« Da war vergessen, daß LA NOTTE für sie »ein sehr schwieriger Film war, den ich übrigens nicht gesehen habe (!) und an den ich eine gräßliche Erinnerung habe.« Kurz vor den Dreharbeiten zu Antonionis Film hatte sie mit Jean-Paul Belmondo unter der Regie von Peter Brook in MODERATO CANTABILE gespielt – und Belmondo war mit ihrem damals zehnjährigen Sohn Jérôme bei einer Spritztour mit seinem Sportwagen verunglückt. Der Junge soll tagelang ohnmächtig gewesen sein, und es wurde ein Schädelbruch befürchtet, ehe sich herausstellte, daß er wieder vollständig genesen würde.

Als Louis Malle sie für ASCENSEUR POUR L'ÉCHAFAUD besetzte, 1957, konnte sie zwar schon auf zwanzig Filme zurückblicken, in denen sie gespielt hatte, aber auf keinen, der ihrem Talent, das immer auch ihre Persönlichkeit gewesen ist, entsprochen, auf keinen, der sie total, mit Leib und Seele, gefordert hätte. Dagegen hatte sich die Theaterkarriere überaus erfolgreich gestaltet. Noch bevor sie zu Jean Vilar ging, endgültig – und bald wiederum endgültig »selbständig« wurde, indem sie sich selbständig machte, unabhängig von jedem Ensemble –, hatte sie in der Comédie Française so unterschiedliche Rollen wie die Bianca in Shakespeares »Othello« und die Prostituierte Venitequa in Gides »Les Caves du Vatican« gespielt oder die Lisette in »Les Sincères« von Marivaux und die Perdita, Tochter des Leontes, König von Sizilien, in Shakespeares »Winter's Tale«. Sie war ehrgeizig und galt als »rund und appetitlich«, wie die große Marie Bell sie genannt haben soll. So sieht sie auch aus in ihren frühen Filmen, bei Henri

Mata-Hari, Agent H. 21 : Jeanne Moreau

The Great Catherine: Jeanne Moreau

TOUCHEZ PAS AU GRISBI: Jeanne Moreau, Lino Ventura

Decoin etwa und neben Jean Marais, Françoise Arnoul und Louis de Funès (!) in der Rolle der Julie in DORTOIR DES GRANDES, und, ebenfalls mit Louis de Funès, Raymond Rouleau und Raymond Pellegrin, in LES INTRIGANTES. Es sind vor allem Nebenrollen, die sie zu spielen hat, dritte und allenfalls zweite Rollen bei Regisseuren aus der zweiten oder dritten Reihe, in Filmen der staatlich geförderten Tradition des *cinéma de qualité*, gegen das bald die jungen Wilden von der Nouvelle Vague aufstehen würden, Regisseure, die zu den ihren wurden. Bis dahin ist sie neben Pierre Fresnay, Martine Carol, Fernandel, François Périer, Micheline Presle, Danielle Darrieux, kurz der Garde der Stars des populären französischen Kinos und bei Regisseuren wie Marc Allégret, Denys de la Patellière, Edouard Molinaro und Gilles Grangier zwar, was sie auch später sein würde, Zofe, Zimmermädchen, Kokotte oder Nutte, verliebte Arzthelferin – aber alles ohne die Leidenschaft und bedingungslose, fast blinde Hingabe an die Rollen.

Für den Film hatte sie nur vormittags Zeit, der übrige Tag und der Abend gehörten dem Theater. Denn man hatte ihr in den Studios und bei den Produktionsfirmen von Pathé bis Braunberger, von Marceau bis Gaumont deutlich zu verstehen gegeben, daß sie von einer Zukunft beim Film nicht viel zu erwarten habe, mit ihrer viel zu hohen Stirn, dem schweren Kinn und dem breiten, fast dicken Mund, dem auch mit Schminke nicht beizukommen war. »Ich habe zur Genüge zu hören bekommen, daß ich nicht photogen sei, daß mein Gesicht nicht symmetrisch sei, und lange Zeit haben die Maskenbildner versucht, die kritischen Stellen zu vertuschen. Louis Malle hat mich gewaschen.«

Zu den besseren, unvergänglichen Filmen dieser Epoche ist vor allem TOUCHEZ PAS AU GRISBI von Jacques Becker zu zählen, der Krimi einer Freundschaft zwischen den alternden Gangstern Max und Riton,

die von ihrem Konkurrenten Angelo hereingelegt werden, woran Josy, die Revuetänzerin einer kleineren Bühne und Bar, alles andere als unschuldig ist. Sie ist die viel zu junge, anspruchsvolle und ihre Reize ausspielende Geliebte von Riton, den sie verlassen will zugunsten des skrupellosen Angelo, des aufsteigenden Sterns am Himmel des Verbrechens. Max erwischt die beiden in Josys Garderobe, und ein Close-up auf ihr erstarrtes Gesicht läßt keinen Zweifel daran aufkommen, daß es das Gesicht einer kalten Person ist, bis zur Ausdruckslosigkeit babyhaft rund und ordinär, mit Fischaugen, obwohl sie dunkel sind. Sie hat das Haar hochgesteckt, so daß neben der unvorteilhaft gewölbten Stirn, von einem kurzen Pony nur ungenügend kaschiert, ihre Ohren auffallen, Ohren ohne Ohrläppchen, zwischen Nacken und Kinnbacken fest angewachsen wie die zu kurz geratenen Flügel einer Fledermaus. Sympathie kann man für sie nicht empfinden. Trotzdem: unter allen anderen Frauen in diesem Männerfilm mit Jean Gabin und René Dary, Paul Frankeur und Lino Ventura ist diese Josy, sie mag einem gefallen oder eher nicht, die einzige Charakterrolle: ihretwegen.

Wie Jean Marais ihr Ratgeber (und ein bißchen auch Protektor) beim Theater war, so wichtig wurde in diesem einzigen Film, den sie miteinander gemacht haben, Jean Gabin für sie. Während sie Marais die großen Gesten der Bühne verdankte, lehrte sie Gabin die kleinen, sparsamen Gesten des Kinos, die auf der Leinwand so riesengroß werden können. Vielleicht nimmt sie deshalb seine Ohrfeige so ruhig und gelassen hin, mit einer trotzigen Stärke, die sich dem Mann, der sich für den Meister aller Klassen hält, kaum vermittelt. Für ihn ist die äußerliche Ruhe, mit der sie reagiert, nur die selbstverständliche Demut und traditionelle Unterwürfigkeit der Frauen. Vielleicht ist es eine Täuschung, aber wenn Jean Gabin

LES LOUVES: François Périer, Jeanne Moreau

Le Salaire du péché: Jean-Claude Pascal, Jeanne Moreau

geht in TOUCHEZ PAS AU GRISBI, durch die Bar, eine Treppe hinauf, auf der Straße, in seiner Wohnung, wenn er geht oder auch läuft mit fast unbewegtem und nur leicht vibrierendem Oberkörper, könnte man fast glauben, sie habe auch das Gehen von ihm gelernt.

»Und dann habe ich François Truffaut kennengelernt, dessen Artikel ich gelesen hatte, und ich wurde mir bewußt, daß sich etwas ereignete. Ich war plötzlich von Leuten umgeben, die ich besser verstand, die ich besser kennenlernen wollte, die ich bewunderte. Und von diesem Augenblick an bedeutete Kino für mich mehr als nur Schauspielerin zu sein: es gefiel mir, beim Film zu sein.« Truffaut sah sie noch einmal neu, und was für Malle (und Antonioni und Buñuel) ihr Gang war, das sollte für ihn ihr Lächeln sein, die Koproduktion von Mund und Augen. Es fängt mit den Lippen an, damit, daß die Schriftstellerfreunde Jules und Jim, der Deutsche und der Franzose, sich beide in das rätselhafte Lächeln einer steinernen Büste verlieben. Ihr Malerfreund Albert hatte ihnen von der Statue auf einer Mittelmeerinsel erzählt, und sie waren hingefahren, sich das Bildnis selbst anzusehen. Als sie zum erstenmal Catherine sehen, da heißt es im Erzählkommentar von JULES ET JIM: »Catherine, die Französin, hatte das Lächeln der Statue auf der Insel. Ihre Nase, ihr Mund, ihr Kinn, ihre Stirn waren die stolze Kühnheit einer Provinz, in die sie als Kind hineingewachsen war zur Zeit einer religiösen Feier.« So wird sie von Beginn an mythisiert, werden sie und ihr Antlitz zu rätselhaften Erscheinungen verklärt, die wie der Mythos nicht zu hinterfragen und zu deuten sind. Daß sie trotzdem eine überaus wirkliche, wahrhaftige, ja fleischliche Präsenz hat, verdankt der Film ihrer Frische und Lebenslust, ja fast Lebensgier, einer unkonventio-

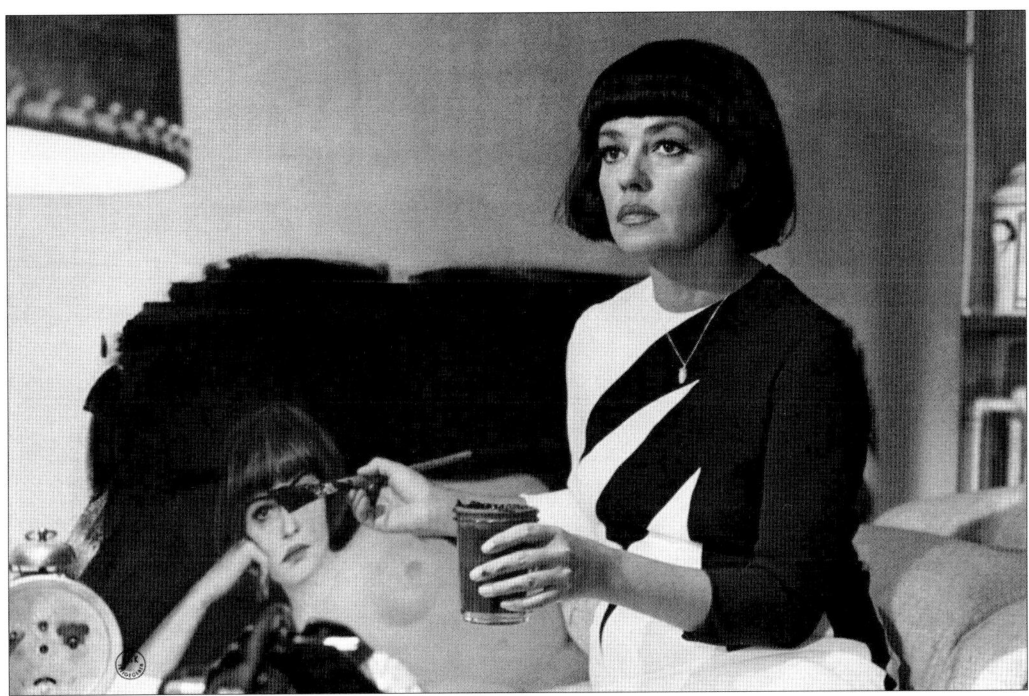

nellen, gesellschaftlich völlig ungebrochenen Vitalität, die sich ihrer selbst bewußt ist. Sie verbringen die Ferien zu dritt am Meer, schwankend zwischen fröhlicher Ausgelassenheit und Nachdenklichkeit, als Catherine den Freunden vorführt, wie sich ihr Gesicht verändert habe. Früher, als sie die beiden noch nicht gekannt habe, sagt sie, sei sie ein ernster Mensch gewesen, das habe sich geändert, von jetzt an werde gelächelt. Und sie führt mimisch vor, was sie sagt – wie eine gelehrige Schauspielelevin, der diese Übung vorgeschrieben worden ist –, mit leichten Veränderungen des Ausdrucks ihrer Lippen und der Sprache ihrer dunklen Augen, die beim Lächeln hell zu werden scheinen. Die Einstellungen der Kamera von Raoul Coutard (der sie noch für Tony Richardsons THE SAILOR FROM GIBRALTAR und Truffauts LA MARIÉE ÉTAIT EN NOIR fotografieren wird), Close-ups, erstarren kurz zu Standbildern, was das Demonstrative des Beispielhaften intensiviert. Die Szene dauert nur knapp zwanzig Sekunden, mit denen sie sich in jene Annalen der Filmgeschichte einschreibt, in denen schon ein Augenaufschlag von Mae West, ein Seitenblick von Marlene Dietrich, eine herrische Geste von Gloria Swanson und eine majestätische Kopfbewegung der Garbo verzeichnet sind.

Truffaut hat später von jener Szene erzählt, in der ein besonderer Ausdruck von Catherine erwartet wurde. Jules und Jim und Catherine sind von ihren Ferien am Meer wieder nach Paris zurückgekehrt. Sie waren im Theater und unterhalten sich auf dem Heimweg am nächtlichen Seineufer entlang über das Stück und seine Ungereimtheiten, wobei sich Jules mit frauenfeindlichen Bemerkungen und entsprechenden Zitaten von Baudelaire hervortut, gegen die Jim auf Wunsch von Catherine protestieren soll. Als ihr seine Widerrede nicht deutlich und überzeugend genug ausfällt, protestiert sie selbst, indem

Mademoiselle: Jeanne Moreau

Le Journal d'une femme de chambre: Jeanne Moreau

sie von der Kaimauer in den Fluß springt. Die Freunde helfen ihr heraus und bringen sie im Taxi nach Hause. Das Bild zeigt sie zu dritt nebeneinander en face, und der Erzählkommentar sagt: »Catherine lächelte wie ein junger französischer General nach seinem ersten siegreichen Feldzug in Italien.« Zu sehen ist, in den Worten von Truffaut, »ein ganz kindlicher Ausdruck, der übrigens später von einigen amerikanischen Schauspielerinnen nachgemacht worden ist, von Faye Dunaway etwa, so eine Art Lächeln mit geschlossenem Mund«.

Truffaut hat JULES ET JIM auch als den Versuch bezeichnet, »alle Frauen in einer einzigen zu vereinen«, und damit einen hohen Anspruch formuliert, sowohl was ihn selbst als Regisseur betrifft, als auch seine Hauptdarstellerin. Sie war sofort von der Idee begeistert, als Truffaut – sie hatte ihn schon als Filmkritiker in Cannes kennengelernt – ihr den Roman von Henri-Pierre Roché zu lesen gegeben hatte: »Das ist das, wozu ich am meisten Lust habe – wann immer Sie wollen.« Aber dann machte Truffaut zuerst noch LES QUATRE CENTS COUPS und TIREZ SUR LE PIANISTE. Und sie war, zusammen mit ihrem damaligen Traumpartner Gérard Philipe (und Annette Vadim und Jean-Louis Trintignant), in Vadims LES LIAISONS DANGEREUSES 1960 nach dem später noch vielfach verfilmten Roman von Choderlos de Laclos beschäftigt; spielte für Martin Ritt in der mit Silvana Mangano, Vera Miles, Barbara Bel Geddes extrem hoch besetzten Dino de Laurentiis-Produktion JOVANKA E LE ALTRE, einem Partisaninnenmelodram, von dem sie später nichts mehr hören wollte; irritierte ihre Landsleute, die sie bereits als die Inkarnation der französischen Geliebten zu akzeptieren gelernt hatten, als Nonne (LE DIALOGUE DES CARMÉLITES), und machte noch MODERATO CANTABILE und LA NOTTE.

The Trial: Anthony Perkins, Jeanne Moreau

Keine Frage, daß alle Filme »dazwischen«, selbst die belanglosen neben La Notte, zu der Vollendung der Schauspielerin beigetragen haben, die gleichsam à point war, als die Dreharbeiten zu Jules et Jim begannen. Sie mußte, das wußte auch Truffaut, in der Lage sein, mit Realität zu füllen, ins Fleisch zu übersetzen, in die Anschaulichkeit des Kinos zu bringen, was eine abstrakte Idee war: die Idee von der Göttin oder Muse, die herabsteigt zu zwei Dichtern, beide liebt – und an sich selbst scheitert, an ihrer, ausgerechnet an ihrer Unfähigkeit, nicht eifersüchtig zu sein. Sie hat, vielleicht außer der Lehrerin in Mademoiselle, nie eine egozentrischere Rolle gespielt als die Catherine, solipsistisch, narzißtisch, eitel, selbstverliebt, aber – anders als Mademoiselle – jederzeit bereit, den Preis dafür zu zahlen. Als glücklicher Einfall der Inszenierung erweist sich außerdem die Entdeckung und Aktivierung der komödiantischen Talente der Darstellerin, auch wenn dieser Aspekt von Jules et Jim in der zeitgenössischen Rezension (von Claude Mauriac) zu der Bemerkung Anlaß gab, sie mache aus einem *film d'auteur* einen *film de comédienne*. Womit eher Truffaut beschädigt als sie erhoben werden sollte.

Je weiter die Filme voranschreiten, desto weiter scheinen sie sich auch zu entfernen vom Schreiten der Frau. Zwar wird man sie auch noch in La Vieille qui marchait dans la mer gehen sehen, regelrecht marschieren, nicht mehr der junge General, der nach seinem ersten siegreichen Feldzug in Italien lächelt, sondern ein von der Gicht geplagter alter Haudegen, mehr Friedrich von Preußen als Napoleon Bonaparte. Aber inzwischen sind nicht mehr nur ihre Fesseln fragil. Viel zerbrechlicher ist ihr Gesicht geworden. Die Augen können noch strahlen, aber sie überstrahlen nicht mehr die düsteren Signale ihres

The Sailor from Gibraltar: Jeanne Moreau

Mademoiselle: Jeanne Moreau

Mundes. War er schon immer dominiert von der Oberlippe, die sich, vielleicht eine Idee zu kurz, sehr straff über die Zähne des Oberkiefers spannte, und von den Winkeln, die immer schon nach unten wiesen, auch wenn sie lächelte, auch wenn sie lachte, so kann er jetzt gelegentlich und immer öfter als eine Wunde erscheinen, mitten in ihr Gesicht gesetzt. Es ist ein weher Mund, den Orson Welles in Une Histoire immortelle inszeniert.

Welles, der sie einmal die beste Schauspielerin der Welt nannte, kannte sie schon seit The Trial, wo sie neben ihm, Anthony Perkins und Romy Schneider das Fräulein Bürstner spielte – welch ein Name, Franz Kafka, für eine Prostituierte! –, die verschlagene, aber auch rührend hilflose Zimmernachbarin des Josef K. Auch Welles zeigt in der Histoire immortelle, zu Anfang jedenfalls, wie sie geht. Levinsky, Sekretär und Faktotum des sagenhaft reichen Mister Clay – eines Nabob in der Nachfolgeschaft des Charles Foster Kane –, hat die Prostituierte Virginie (wieder so ein empörender Name) auf der Straße angesprochen. Er will sie, muß sie auf Geheiß seines Herrn für dessen Intrige mieten, ausgerechnet sie, die Tochter des Mannes, den er, Clay, einst ruinierte und in den Tod trieb, nur weil Monsieur Ducrot so unvorsichtig war, Clays Freund sein zu wollen. Levinsky, eine Idee kleiner als die Frau, geht neben und halblinks hinter ihr her (wie einst, im Park des Zeitungsverlegers Tournier, Bernard hinter dessen Frau Jeanne), während er ihr seinen Auftrag übermittelt, ihr das Geschäft andient, vor den Augen des Mister Clay mit einem Matrosen zu schlafen (damit die Geschichte, die in allen Häfen der Welt von allen Matrosen erzählt wird, endlich von einem erzählt werden könne, der sie wirklich erlebt hat; aber auch weil er, selbst impotent, sich von dieser Verbindung einen »Sohn« erhofft). Die Kamera geht hinter den

beiden her, bevor sie, wenn Virginie und Levinsky hinter einer Säule vorbeigehen, in der Montage nach vorn umschneidet. Bis dahin aber hat man schon alles verstanden, abgelesen am schmalen Rücken der Frau, der sich, im Schreiten leicht bebend, zusammenzuziehen scheint (und am servil gebeugten des Sekretärs).

Doch sobald sie im Bett liegt, nackt den Matrosen erwartend, den Mister Clay persönlich am Hafen aufgelesen hat, konzentriert sich die Kamera auf ihr Gesicht, den Mund und vor allem die Augen. Sie kommen in extremen, schräg gestellten Close-ups und übergroß ins Bild, so nah, daß die leichte Unschärfe des Bilds die bebende Unsicherheit der Situation vermittelt, das Bewußtsein einer Sternstunde des Lebens, die zugleich triumphieren und zittern läßt angesichts der Kühnheit des Entwurfs, einer Kühnheit bis zum Äußersten. Die Augen und dann der wehe Mund, sie lachen und weinen in eins, als hätten sie jetzt, wo die Frau nicht mehr schreitet, das Vokabular ihrer zerbrechlichen Fesseln, der beweglichen Taille gelernt und übernommen, und die erdhafte Festigkeit ihres Beckens hat sich den Wangen mit den hohen Backenknochen und den starken Unterkiefern anvertraut. Wieder sind es nur wenige Sekunden, die genügen, um einem ganzen Film, einer ganzen Erzählung zum entscheidenden Ausdruck zu verhelfen, Augenblicke in des Wortes doppelter Bedeutung, die Blicke ihrer Augen und die Blicke, die sie ansaugen, unvergeßlich die einen wie die anderen.

Wie sie Jean Marais die Einweihung in die Geheimnisse der Bühne und Jean Gabin die sparsamen Gesten des Kinos verdankte, so vertraut sie jetzt Orson Welles, bei einem Abendessen im Hotel Meurisse soll es gewesen sein, ihren Wunsch an, selbst Regie zu führen und visuell zu erzählen, wo sie es bis-

Mademoiselle: Jeanne Moreau

THE VICTORS: Jeanne Moreau

her nur gestisch, mimisch und mit ihrer rauchigen Stimme tat. Welles wird sie, obwohl er ihrem Wunsch nicht entspricht, sie bei Dreharbeiten assistieren zu lassen, bestärken in ihren Plänen, auch wenn es noch zehn Jahre dauern soll, bis sie ihren ersten eigenen Film LUMIÈRE realisiert, einen Film, wie könnte es anders sein, über die Kunst des Schauspielens und die Bedeutung und den Raum, die die Kunst dem Leben abverlangt. Sie selbst hatte eine Rolle unter den vier Schauspielerinnen, die an einem gemeinsamen Wochenende ihr Leben rekapitulieren und interpretieren, erst übernommen, als sich der Wunsch, Anouk Aimée und Audrey Hepburn zu engagieren, nicht verwirklichen ließ, wohl auch angesichts des bescheidenen Budgets, das zur Verfügung stand. So konnte LUMIÈRE – sakrosankter Name der französischen Filmgeschichte und der Weltgeschichte des Kinos und gleichzeitig das Element, von dem das Kino lebt – so aussehen, als wolle die Tochter dem Vater erzählen, weshalb sie gegen seinen Widerstand zur Schauspielerei gefunden hatte, und ihn von ihrer Wahl überzeugen. Doch dann starb Anatole Désiré Moreau im Jahr der Dreharbeiten. Viel Beifall hat ihr LUMIÈRE nicht gebracht. Man warf dem Film Narzißmus vor – und erkannte nicht, daß genau das seine Tugend ist.

Der Gang, die Augen, der Mund –: wie unter einem Brennglas finden sich die Insignien ihrer Kunst in MADEMOISELLE versammelt. Wenn Louis Malle ihr eigentlicher Entdecker genannt werden darf, weil er der erste war, der die Sprache ihres Körpers verstand und zum Dolmetscher ihres Gangs wurde, dem dann Antonioni, Buñuel und all die anderen gefolgt sind, kommt Tony Richardson wohl das Verdienst zu, sie in ihrer Totalität erfaßt zu haben. Die Dorfschullehrerin – nur gelegentlich läßt sie an Stéphane

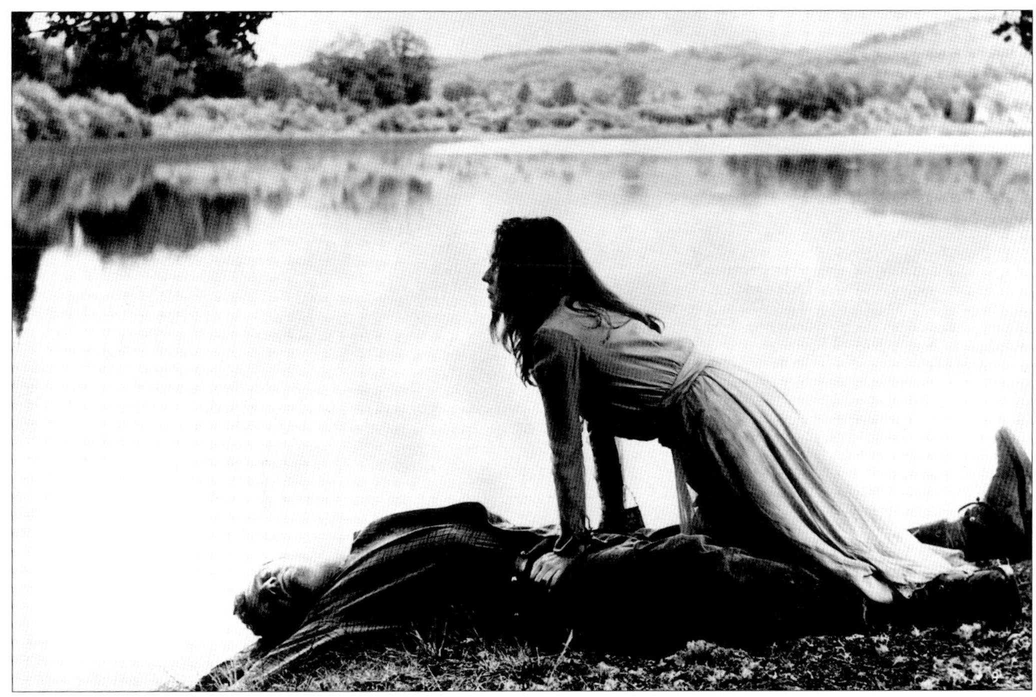

Audran in Chabrols Le boucher denken – ist, obwohl sie aus der anderen, fremden Welt der großen Stadt, aus Paris kommt, alles andere als ein Paradiesvogel. Sie ist in ihren strengen grauen, schlicht geschnittenen Kleidern, die ihre Beine nicht einmal ahnen lassen, so wenig auffällig wie in ihrem Make-up. Obwohl sie alle Zeit ihrer provinziellen Welt darauf verwendet, sich vor dem Spiegel herzurichten und zu betrachten, sieht sie auch, wie wenig attraktiv ihre stumpf gewordenen Züge mit den Ausbeulungen der Kieferknochen wirken. Manchmal sieht es so aus, als würde sie sich hassen.

Doch das wäre ein Irrtum. Sie war in Wahrheit nie narzißtischer und nie entschiedener in sich selbst verliebt. Ihre Augen, die den Mund prüfen, ihr Mund, der die Augen zu küssen scheint, wenn sie sich schminkt, ihr biegsamer, schwingender Gang auf der kleinen Strecke zwischen Tisch und Bett, Anrichte und Kommode, Fenster und Spiegel –: das alles kündet von einer Frau, die vollkommen in sich selber ruht – und vollkommen sich selbst zu genügen scheint. Was wiederum ein Irrtum sein wird, aber kein Irrtum des Zuschauers, sondern einer der Person, die sich in sich selber täuscht. Sie wird sich dafür rächen, an anderen vor allem, aber auch an sich selbst, unerbittlich und grausam, wenn sie Manou, den Fremdarbeiter und Holzfäller, dem sie sich hingegeben hat und dem sie verfallen ist, der Lynchjustiz des Dorfes ausliefert; er hat ihre Verbrechen zu sühnen. Sie kann ihm nicht verzeihen, daß er ihr mindestens eine Ahnung davon vermittelt hat, wie schwach ihre Selbstgenügsamkeit in Wirklichkeit ist. Sie ist die Hure, die dem Freier nicht nachsehen kann, daß er sie zum Orgasmus gebracht hat – welche Unfreiheit, wieviel Abhängigkeit, welche Schwäche des Körpers, der sich für stark hielt und nun lernen mußte, daß er zu sich selber, zum Höhepunkt aller Empfindungen nur kommen kann durch die Mit-

Lumière: Jeanne Moreau, Lucia Bosè

QUERELLE – EIN PAKT MIT DEM TEUFEL: Jeanne Moreau

wirkung eines anderen. Sie wehrt sich gegen Zuwendungen auf die ordinärste Art der Straßenprostitu-ierten, wie später, wenn sie als LA VIEILLE QUI MARCHAIT DANS LA MER die obzönsten Dialoge mit Michel Serrault zu wechseln hat – aber man kann auch in diesem Film nicht übersehen, über welche Lippen, aus welchem Mund die zotigsten Dialoge kommen; als ob der Mund allein schon genüge, alles, was er sagt, zu billigen und zu sanktionieren.

In MADEMOISELLE hat sie ihre stärksten, die eindrucksvollsten Szenen, wenn sie allein ist, quasi mono-logische Szenen, in denen nur ihr Körper spricht und in denen sie unverbrüchlich und unabweisbar weiß, daß nur die Einsamkeit das Element ist, in dem sie gedeihen kann. Tony Richardson – kein Wun-der, daß auch er, wie es scheint, der Schauspielerin verfiel – läßt sie viel allein. Auch wenn Mademoi-selle, wie in der Provinz traditionell jede Lehrerin genannt wird (noch einmal: auch Stéphane Audran), vor der Klasse steht. Oder wenn sie in ihrer kleinen Wohnung, sie ist viel zu eng für ihre Vitalität, hin und her wandert. Und vor allem, natürlich, bei ihren kriminellen Unternehmungen, dem Zündeln, dem reihenweise die Gehöfte zum Opfer fallen, dem Öffnen des Stauwehrs, womit sie das Dorf unter Wasser setzt. Daß außer den Gebäuden, Häusern, Stallungen und Scheunen auch Tiere und Menschen zu Scha-den kommen und getötet werden, ist nur Ausdruck ihrer außerordentlichen Libido, die wie die eines pathologischen Sittlichkeitsverbrechers im Leiden und in der Zerstörung anderer ihre Erfüllung sucht und findet.

MADEMOISELLE – dieser Film ist die Schauspielerin total, wenn auch in der visuellen Energie und Aus-druckskraft sicher schwächer als LA NOTTE, EVA und LE JOURNAL D'UNE FEMME DE CHAMBRE. Trotzdem ist

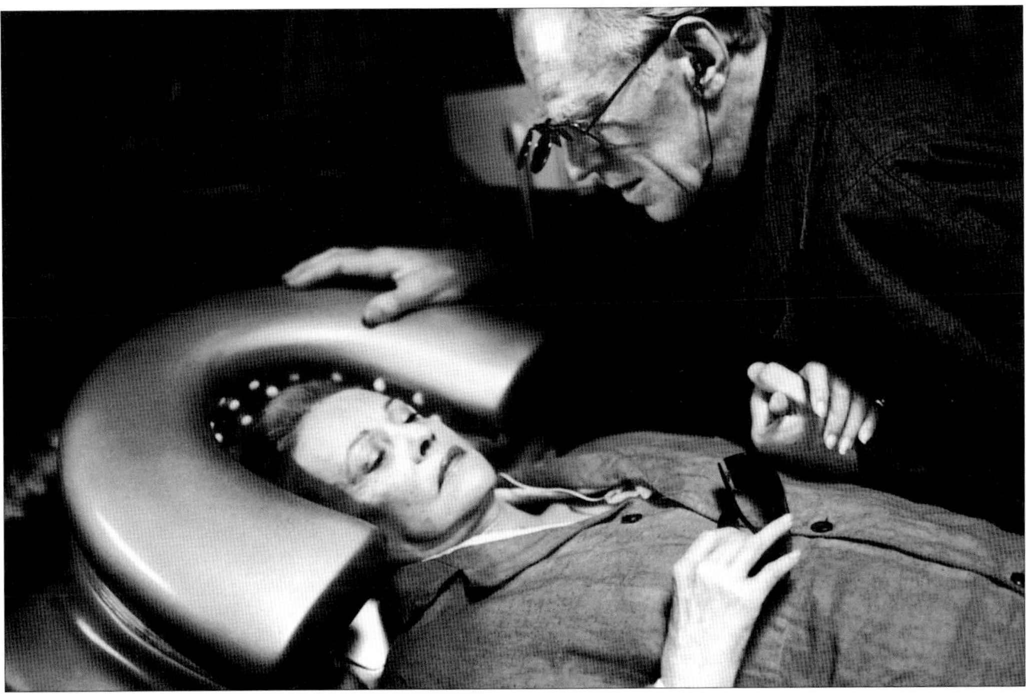

Mademoiselle wie kein anderer ihrer Filme ihr Film in der Rücksichtslosigkeit, mit der sie sich selbst dekouvriert als das Monster einer nahezu terroristischen Unbedingtheit gegen andere und sich selbst. »Ich war«, sagte sie, »in meinen Liebesbeziehungen ein Monster. Man konnte mir absolut nicht vertrauen. In meinem Leben gingen meine Leidenschaften immer vor meinen Interessen.«

Der Gang, die Augen, der Mund –: man kann ihre Filme daran messen und unterscheiden, einordnen sogar in eine Filmografie, deren Kapitel so überschrieben sein könnten. Ihr Mund wird zum dominanten Instrument ihrer Darstellung in Fassbinders Querelle, in dem die gealterte Puffmutter Lysiane singt »Each man kills the thing he loves« und zwischen Hetero- und Homosexuellen das sexuelle Versprechen schlechthin ist, dank ihres müden, melancholischen Munds, der unendlich satt, ja übersättigt zu sein scheint, soviel hat er schon gefressen, und trotzdem ein Begehren signalisiert, das höchste Erfüllung verspricht. Sie ist Herrin, ohne Domina sein zu müssen. Und die Augen werden noch einmal zum Thema in Wim Wenders' Bis ans Ende der Welt, Augen – welch unglaubliche Kühnheit bei einer Schauspielerin, deren Augen zu ihren wichtigsten Instrumenten gehören –, die blind geworden sind und denen virtueller Bilderraub und die elektronische Manipulation der visuellen Techniken zu Bildern verhelfen sollen. Sie, von der Truffaut einmal sagte, sie vertraue einem Regisseur vollkommen und sehe sich niemals die Muster an, sie hat (auch) von der Zusammenarbeit mit Wenders gesagt, es sei eine Liebesgeschichte gewesen.

THE LAST TYCOON: Jeanne Moreau

Viva Maria: Brigitte Bardot, Jeanne Moreau

Jeanne Moreaus Platz in der Geschichte der modernen Schauspielkunst bleibt noch zu definieren. Die Elevin der Comédie Française, einer der angesehensten Werkstätten des mimisch-gestischen Handwerks nicht nur Frankreichs und nicht nur Europas, war aus der Kunst des Akademismus schon ausgebrochen, als sie wahrlich ins Freie und zu Vilar floh. Doch welche Methode hatte sie, welche zeichnet sie bis heute aus? Aus dem Angebot der europäisch-atlantischen Moderne von Meyerhold und Stanislawskij, von Max Reinhardt und Antonin Artaud, von Peter Brook und dem Actor's Studio des Lee Strasberg bis zum Living Theatre scheint keines und scheint jedes auf sie zu passen. Spielt sie – das würde zu Stanislawskij passen – zu neun Zehnteln aus dem Unterbewußtsein, aus dem Bauch, oder folgt sie der Forderung Artauds nach totaler Hingabe und Entäußerung? Zeigt sie ihre Rolle und antwortet damit auf Brecht (und Jouvet!) wie ansatzweise in Jules et Jim oder in Viva Maria, ihrem letzten Film bei Louis Malle, in dem sie »es« auch ihrer Filmpartnerin Brigitte Bardot zeigen wollte, und teilweise in André Téchinés Souvenir d'en France und in den beiden – nach Eva – anderen Filmen Loseys: Monsieur Klein und La Truite, so kann sie (fast) wie traumverloren und somnambul erscheinen wie in zwei, drei Szenen von Eva und unter Buñuel und Orson Welles.

Doch weder die Trance noch das *method acting* ist ihre Sache ganz, weil sie sich der Schulen und Methoden nur bedient, wo immer und in welchem Maß sie es für angebracht empfindet. Deshalb ist sie immer ganz sie selbst und zugleich die Rolle. François Reichenbach, der einen Fernsehfilm über sie gedreht hat, fand sogar, daß sie immer eine Rolle spiele. »Es war mir unmöglich, auseinanderzuhalten, wann sie natürlich war und wann nicht.« Wer sagt denn, daß sie nicht auch dann, wenn sie nicht

Les Cent et une nuits: Jeanne Moreau, Hanna Schygulla, Michel Piccoli

»natürlich« ist, ganz sie selbst ist? Im Théâtre des Bouffes Parisiens spielte sie in Cocteaus »La Machine infernale« – uraufgeführt 1934 unter Louis Jouvet, ihrem virtuellen männlichen Vorgänger – die Sphinx, halb göttlich, halb weiblich (wo ist da der Unterschied?), die sich in Ödipus verliebt hat. Wenn sie selber meint, sie habe nie wieder in einem Theater solche Begeisterungsstürme ausgelöst wie hier, dann weiß sie sicher auch, daß sie in dieser Sphinx ihr Spiegelbild gefunden hat, die Dialektik von Kälte und Magie, die Hingabe bis zur Todesbereitschaft und das Geheimnis, das sich nicht offenbaren will.

Sie ist – muß sein – unfaßlich stark. Wie sonst könnte sie es aushalten, in vielen wechselnden Rollen auch immer sie selbst zu sein, ohne an Kraft zu verlieren oder gar vollständig verloren zu gehen? Sie ist die Lebensfreude in aller Ausgelassenheit, die Lebensgier in aller Rücksichtslosigkeit genauso wie der Ennui der Bourgeoisie, der in ihrem traurigen, vom Leben ermüdeten Mund nistet und aus Augen blickt, die schon zu viel gesehen haben. So konnten auch Niederlagen – es waren nicht viele – sie nur stärker machen. Ihr Broadway-Auftritt 1985 mit Tennessee Williams’ »The Night of the Iguana« muß eine schiere Katastrophe gewesen sein, vielleicht das einzige wirkliche Desaster ihrer Karriere. Doch dann kehrte sie strahlend auf den Olymp zurück, 1986, als sie in den Bouffes du Nord in der Inszenierung von Klaus Michael Grüber das Solo (!) in Hermann Brochs »Erzählung der Magd Zerline« spielte – und damit auf Tournee ging, nach Wien, Berlin, Mailand, Moskau, Japan. Sie hat sich jedem Ensemblespiel zugeordnet, aber daß Soli ihre Spezialität, ach was, ihre Heimat sind, zeigen ihre Filme, man muß sie nur als ganzes Werk sehen, zur Genüge. Ist der Preis die Einsamkeit, die sich in ihrem Leben, wie es scheint, nie ganz überwinden und aufheben ließ?

Und Liebe? Liebe ist für sie eine Fortsetzung des Spiels, des Spiels auf der Bühne oder im Film, herzlos gesagt, mit anderen Mitteln. Oder: sie macht keinen Unterschied, weil sie immer diese *femme totale* ist, im Leben wie im Spiel. Ihre Affären ergaben sich ebenso aus ihrer Arbeit wie ihre Ehen. Und mit der Arbeit, mit jeder anderen, ergab sich auch das Ende. »Liebe«, hat sie selbst gesagt, »nimmt jedesmal eine andere Gestalt an, je nachdem, zu welchem Zeitpunkt im Leben man ihr begegnet. Eine Liebe verjagt die andere.«

Les Amants: Jeanne Moreau

Jeanne Moreau, fünfziger Jahre

Notre île, ton île, mon île

Notre île, ton île, mon île.
Devrons-nous parcourir le monde
Divaguer sur les eaux profondes
Avec tous ceux qui comme nous
Cherchent encore le paradis
Brisants d'écume, grands oiseaux fous
Cette île est belle, tu me l'as dit
Notre île, ton île, mon île.

Decouvrir en nous la sagesse
Le lent oubli du temps qui passe
La vie et la mort sur la langue
Sur tes lèvres au bout de tes doigts
Je sais, mon cœur, la route est longue
La fleur, l'extase, je te les dois
Notre île, ton île, mon île.

Dormirons-nous sous les étoiles
La lune accrochant la grand-voile
Des étincelles sous l'étrave
La peau caressée par le vent
Tu m'aimeras, nous serons graves
Car le plaisir tue doucement
Notre île, ton île, mon île.

Elle est là dans ta main ouverte
Mon évasion, mes découvertes
En mille éclats sous les paupières
Ton corps, mon corps sont de passage
Nous possédons la terre entière
Pour peu de temps, comme un voyage
Notre île, ton île, mon île.

Viens, mon amour, rêver tranquille
Allons nous perdre dans notre île.

Jeanne chante Jeanne.
Text: Jeanne Moreau.
Musik: Jacques Datin.
Polydor 1970

La Mariée était en noir: Jeanne Moreau

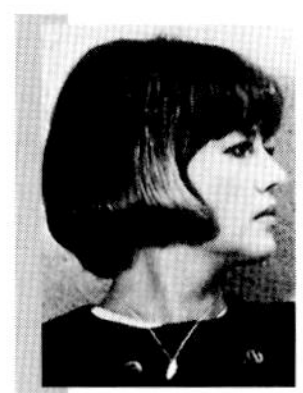

Eine Collage von Helma Schleif

»Die größte Freiheit ist, man selbst zu sein.«

Das Leben wurde mir geschenkt wie einem Bauern ein Stück brachliegendes Land. An mir ist es, die Disteln herauszureißen, die Steine beiseite zu räumen und den Acker zu bestellen – im Wissen um die begrenzte Lebenszeit, die mir gegeben ist!

] Meine Vergangenheit trage ich in mir, ich bin sie selbst. [

Mein Vater, Anatole Moreau, war Gastronom; meine Mutter, Kathleen Buckley, Tänzerin in den Folies-Bergères. Sie stammte aus England, er aus Frankreich. Beide kamen aus bescheidenen Verhältnissen. Ich war kein Wunschkind und schon gar nicht der erhoffte Stammhalter. Stellen Sie sich vor, sie wollten mich zunächst Pierrette nennen! Glücklicherweise fand die Frau auf dem Standesamt, daß das kein geeigneter Mädchenname sei. Sie hatte ein Faible für französische Namen und schlug vor, mich Marie oder Jeanne zu nennen. Und so wurde ich Jeanne. Jeanne Moreau. Voilà.

Meine ersten Lebensjahre waren geprägt von dem Milieu, in dem ich lebte. Wir wohnten in einem Hotel, dessen beste Zimmer stundenweise vermietet waren. Wie oft hörte ich den Satz: »Der Kunde hat immer recht.« Unsere Kunden – das waren Prostituierte und ihre Freier. Ich sah, was Leidenschaft bedeutet, aber das waren die dunklen, brutalen Leidenschaften der käuflichen Liebe, und ich erlebte, was eine unglück-liche Ehe bewirkt: Unterwerfung und Frustration. Ich erinnere mich an Tränen und stillen Kummer, an den Widerhall von Gewalt, an Schreie. Nein, ein solches Leben wollte ich nicht führen.

Mit vierzehn Jahren entschied ich mich, nach meiner Façon zu leben. Ich besuchte das Lycée Edgar Quinet und flüchtete mich in meine Träume. Zuerst wollte ich Tänzerin werden, weil Musik die Engel anzieht. Doch dann, als ich zu lesen begann, erfüllte mich die Poesie, das Wort, und führte mich zum Theater und zum Film. Meine Mutter war phantastisch. Sie hat meinen Wunsch, Schauspielerin zu wer-den, immer unterstützt. Heimlich. Denn mein Vater wollte, daß ich Lehrerin werde. Die erste Gage, die ich verdiente, gab ich ihr, damit sie dieser unglücklichen Ehe entrinnen konnte. Hätte meine Mutter meinen Vater zwei Jahre früher verlassen, wäre ich eine englische Schauspielerin geworden.

Als ich beschloß, Schauspielerin zu werden, wußte ich nicht, was das war: Kino. Mein Vater verbot mir, ins Kino zu gehen. Darum kannte ich weder die Filme noch die Namen der Stars. Ich wollte Theater-schauspielerin werden. Ich bin es geworden. Dann habe ich Filmangebote bekommen. Ich habe sie angenommen, weil mich die Arbeit interessierte, aber ich war nicht davon besessen. Nach und nach kam ich auf den Geschmack: Ich entdeckte eine andere Welt. Ich habe in dieser Zeit viele Filme gesehen, und dann, durch Umstände, die manche einen Glücksfall nennen, erlangte ich nach elf Jahren Theaterarbeit eine gewisse Bedeutung als Filmschauspielerin. Alle wesentlichen Neuerungen, alles Revolutionäre, um einen politischen Terminus zu gebrauchen, spielte sich damals auf der Leinwand ab.

] Über das Filmemachen [

Manchmal denke ich, Filmemachen ist eine Art Zauberei. Manche Regisseure besitzen diese Gabe nicht, doch sie wissen, wie man Objektive benutzt, und umgeben sich mit guten Technikern. Ihre Filme sind darum nicht schlecht. Aber sie haben nicht diese besondere Qualität, die manchen Filmen zu eigen ist, wie etwa Antonionis Film LA NOTTE. Ich denke, Antonioni war sich der Atmosphäre, die er schuf, gar nicht bewußt. Er erzeugte eine unglaublich qualvolle Atmosphäre, die alle zerriß. LA NOTTE war das Ergebnis. Darum muß man manchmal auch leiden.

] Über die Arbeit mit Regisseuren [

Ich drehe niemals einen Film mit einem Regisseur, den ich nicht kenne. Das heißt nicht, daß ich auch seine Filme kenne. Von Tony Richardson oder François Truffaut hatte ich vor unserer Zusammenarbeit nie einen Film gesehen. Meine Filmbildung war damals noch sehr beschränkt. Was ich sagen will: Ich muß einen Regisseur vor den Dreharbeiten kennenlernen, um eine Vorstellung zu bekommen, was für ein Mensch das ist. Es gibt Regisseure, die ich als Künstler sehr bewundere, mit denen ich aber nie arbeiten könnte. Das ist mir früher nicht immer so bewußt gewesen wie heute. Ich habe auch Filme gedreht, wo es diese persönliche Beziehung, die ich heute für unabdingbar halte, nicht gab. Der Wendepunkt war für mich die Begegnung mit Louis Malle. Ich spielte damals auf dem Theater in »Die Katze auf dem heißen Blechdach«, und er schrieb mir einen Brief, in dem er mich bat, in einem Thriller namens ASCENCEUR POUR L'ÉCHAFAUD mitzuwirken. Ich traf mich mit ihm und wußte sofort, daß ich die Rolle annehmen mußte. Mein Agent war wütend: »Das schadet Ihrer Karriere. Sie können doch nicht mit einem Unbekannten arbeiten!« – »Welcher Karriere?« erwiderte ich und nahm mir einen anderen Agenten. 1965 machte mir der amerikanische Produzent Ray Stark mehrere Rollenangebote. Er gab mir eine Liste mit den Titeln der Romanvorlagen. »Wer soll diese Filme drehen?« fragte ich ihn. »Das ist meine Sache, nicht Ihre«, gab er mir zur Antwort. Wir haben in all den Jahren keinen einzigen Film zusammen realisiert!

] Ich unterwerfe mich gern, aber ich suche mir aus, bei wem. [

Ich lege so großen Wert auf die persönliche Beziehung zu den Regisseuren, weil mein Leben und meine Arbeit dabei auf dem Spiel stehen. Spiel und Leben sind untrennbar miteinander verbunden. Es ist etwas anderes, ob man aus dem Büro oder nach einem Drehtag nach Hause kommt. Als Schauspieler lebt man mit ausgefahrenen Antennen. Und nach Abschluß eines Films ist man nicht mehr dieselbe Person wie bei Drehbeginn. Diese vollkommene Verausgabung bereichert und erschöpft zugleich. Ich entscheide mich nicht für bestimmte Ausdrucksmittel. Ich suche mir lediglich meine Rollen aus und die Leute, mit denen ich arbeite. Zwischen mir und meiner Rolle gibt es nichts Trennendes. Ich mag nicht von Begabung sprechen. Das klingt nach Handwerk. Mir geht es um etwas ganz anderes. Eine Rolle ist für mich eine menschliche Erfahrung, die ich erleben will. Wenn ich spiele, dann nicht, um einen Schritt in meiner Karriere voranzukommen, sondern um einen Schritt mehr ins Leben zu setzen. Schauspieler zu sein ist mehr als nur die Fähigkeit zu spielen. Die Nahrung kommt aus dem eigenen Inneren, aus der Neugier auf das Leben der anderen. Woher diese Kraft kommt? Das ist vielleicht ein alchimistisches Geheimnis – aber es ist auch Lernen, Arbeit und Leidenschaft. Ein Schauspieler muß das Bedürfnis haben, sein Innerstes nach außen zu kehren. Er will über die Figuren, die er darstellt, als Individuum anerkannt werden. Aber das ist ein Problem, das alle Menschen haben. Ich glaube an das Individuum, dessen Entfaltungsmöglichkeiten allerdings durch seine Lebensbedingungen Schranken gesetzt sind. Ich glaube an das Individuum im Kontext des Ganzen: von Leben, Mitmenschen und Gesellschaft.

Schauspielen heißt für mich, vor der Kamera zu leben und nicht, irgendetwas vorzutäuschen. Ich wünschte, jemand könnte das eines Tages einmal erklären. Jede Arbeit mit jedem Regisseur ist anders, weil es ein anderes Drehbuch, eine andere Figur ist. Ich bereite mich auf einen Film und seinen Regisseur vor, indem ich mich disponibel mache. Das bedeutet, ich habe keine vorgefaßte Idee, ich bin leer. Ein Schauspieler ist ein Medium. Das heißt, er ist bereit, alles aufzunehmen, was es auch sei: Gleichgültigkeit, Kälte, Aggression, Wärme, Liebe, Haß – manchmal wird man auch gehaßt. Ich weiß nicht, warum. Es ist, als ob der Regisseur an einem bestimmten Punkt durch einen Gefühlsorkus geht, der dann den Menschen, die ihm zur Seite stehen, den Menschen am Set, entgegenschlägt.

Richtige Regisseure versuchen nicht, die Schauspieler zu beeinflussen oder zu transformieren; sie erlauben ihnen, eine Figur zu entwickeln. Der Einfluß des Regisseurs kann sich jedoch auf unterschiedliche Weise manifestieren, da jeder eine andere Persönlichkeit hat. Es ist jedesmal wie eine Liebesbeziehung, und man kann diese Liebesgeschichten leben, selbst wenn sich ein gewisses Muster wiederholt. Man wäre dumm, nicht zu begreifen, daß die Farben der Liebe vielfältig, unbegrenzt sind. Von allen menschlichen Beziehungen ist keine heftiger als die zwischen einem Regisseur und seinen Schauspielern.

Schauspieler und Regisseure reden nicht viel miteinander. Sie verständigen sich auf anderer Ebene. Regisseure, die einen mit Worten überschütten, tun das, um sich ihrer Ideen zu vergewissern. Leute, die aus dem Bauch heraus arbeiten, brauchen das nicht. Sobald man eine Rolle angenommen und das Drehbuch gelesen hat, seine Koffer packt und am Drehort erscheint, die Techniker und die anderen Schauspieler sieht, nimmt die Rolle Gestalt an und gewinnt ein Eigenleben. Ob der Dreh mit der Schlußszene oder in der Mitte beginnt, ist dabei egal. Während der Dreharbeiten bin ich immer am Set, auch wenn ich selbst nicht spiele. Wenn man mit ganzer Seele bei der Sache ist, steht man einfach immer zur Verfügung, die ganze Zeit. Ich bereite mich in dem Moment auf eine Rolle vor, in dem ich mich zum ersten Mal mit dem Regisseur treffe. Das kann fünfzehn Tage vor Drehbeginn sein, vielleicht auch einen Monat zuvor, und von diesem Augenblick an lese ich nichts mehr, ich mache nur noch das. Ich denke nicht besonders viel nach. Ich versuche mich vielmehr innerlich zu leeren. Um sich zu befähigen, etwas aufzunehmen, muß man Raum schaffen, die angesammelte Schlacke beseitigen, präsent sein und sich auf das konzentrieren, was für die Drehzeit notwendig ist. Die Arbeit eines Schauspielers kann man nicht erklären. Sie ist ein Mysterium. Ein Mysterium des Lebens. Ich glaube, es ist kein Zufall, daß die Kirche lange Zeit verboten hat, Schauspieler nach ihrem Tod auf geweihtem Boden zu begraben. Das hat etwas mit der Erschaffung von Leben zu tun. Daß ein Mensch sich verwandeln und unterschiedlichsten Personen Ausdruck verleihen kann, war in den Augen der Theologen ein Frevel. Manche glauben, diese Wandlung vollziehe sich allein durch die Maske, durch Verkleidung und sei pure Gaukelei. Aber die Kamera läßt so etwas nicht zu. Sie entlarvt alles, die Leere, die Abwesenheit, die Nichtigkeit – alles. Vor ihr hat nur Authentizität Bestand.

Alle tun immer irgend etwas Nützliches. Wir aber sind immer auf der Suche nach dem Unbekannten, arbeiten für etwas, das ohne praktischen Nutzen ist. Es ist wie mit dem Flug der Schmetterlinge. Für das Gleichgewicht der Welt sind sie unerläßlich. Wenn man über Wiesen und in Gärten keine Schmetterlinge mehr sehen würde – das wäre ein böses Zeichen.

] Karriere [

Ich habe mein Leben nie meiner Karriere untergeordnet. Schon nach meinen ersten Erfolgen spürte ich instinktiv die Gefahr. Ich wollte nicht Teil des Starsystems werden und habe mich immer geweigert, eine ›Institution‹ wie die Garbo, Bette Davis, die Magnani oder Marilyn Monroe zu werden. Im Filmgeschäft ist es üblich, Schauspieler zu einem bestimmten Idol zu formen. Und was kommt dabei heraus? Man wird einseitig. Gegen die eigene Persönlichkeit gehorcht man schließlich einem Stereotyp. Ich bleibe lieber, was ich bin – im Leben und auf der Leinwand. Ich lehnte eine Menge Angebote ab. Ich lebte sehr frei, reiste viel, verliebte mich, war untätig und las. Viele Leute meinten, ich würde meine Karriere zerstören. Aber ich wollte keine Karriere machen. Heute ist das meine Stärke. Ich passe in keine Kategorie. Das ist vollkommene Freiheit. Und darum mache ich mir auch keine Sorgen. Und weil ich mir keine Sorgen mache, konnte ich mir diese kindliche Haltung zur Schauspielerei bewahren. Ich genieße das ungemein.

] Welles, Buñuel, Truffaut, Fassbinder, Antonioni, Losey [

Welles war ein wahrer Magier, ein König im Exil, aber in einem unterirdischen Exil. Orson war der einzige, der mich ermutigte, eigene Filme zu drehen. Das war bei den Vorbereitungen zu THE TRIAL. Er wohnte im Hotel Meurice, wir aßen zusammen zu Abend, tranken eine Menge Sherry, unterhielten uns und lachten viel. In dieser Nacht erzählte ich ihm, daß ich Regie führen wolle. Er antwortete: »Mach es, aber nur, wenn es dir ein wirkliches Anliegen ist. Nur das gibt dir die Freiheit, es zu tun.« Er war der einzige, der positiv reagierte.

Buñuel war ein mediterraner, von Gott besessener Atheist, der die Menschen – Männer und Frauen – mit dem Blick eines Insektenforschers betrachtete, doch niemals verächtlich, sondern mit großem Interesse und viel Wärme. Einmal sagte ich zu Buñuel, daß ich gern einen Vater wie ihn gehabt hätte, woraufhin er entsetzt ausrief: »Was für eine Schreckensvorstellung! Wenn du meine Tochter wärst, ich würde dich für immer in einen Schrank einsperren!«

Losey war ein glänzender Beobachter. Er liebte es, Leute, die sich unbeobachtet glaubten, zu überraschen. Seine Filme sind sehr persönlich und absolut brillant.

Truffaut faszinierten die Rituale des Alltags und das Mysterium des Weiblichen. Durch mich lernte François eine Menge über Frauen, und ich lernte durch ihn eine Menge über Film. François mißbilligte meine Entscheidung, Regie zu führen – ihn schockierte die Vorstellung geradezu. In seinen Augen war ich ein Star, eine Unberührbare, jedenfalls keine Frau, die einer Crew Anweisungen gibt, Dinge organisiert und einen Film dreht. Er glaubte, ich würde dadurch an Weiblichkeit verlieren. François vertrat in dieser Beziehung einen sehr konventionellen Standpunkt. Er wollte nicht, daß ich inszeniere, weil ich mich seiner Meinung nach nicht auf dieses Schlachtfeld begeben sollte. Er sagte: »Die Eifersucht zwischen Schauspielern und Schauspielerinnen ist nichts im Vergleich zu der Rivalität zwischen Regisseuren.«

Ich begegnete Truffaut erstmals in Cannes, zu einer Zeit, als er noch Filmkritiker bei den »Cahiers du Cinéma« war. Er kam auf mich zu, sehr schüchtern, und sagte: »Ich würde Sie gerne sprechen, wenn Sie wieder in Paris sind und Ihnen ein Buch zu lesen geben.« Und so trafen wir uns, regelmäßig, und er gab mir das Buch, »Jules et Jim«. Wir saßen immer zur gleichen Zeit an einem bestimmten Tag an einem bestimmten Tisch in einem Restaurant, aßen stets das gleiche, und nie, nie sprach er von dem Buch. Er verlor auch kein Wort über den Film, den er damals vorbereitete, Les quatre cents coups. Während der Dreharbeiten zu Jules et Jim schrieb er mir einen Brief oder wandte sich an gemeinsame Freunde, wenn er mir etwas mitteilen wollte, aber selbst sagte er kein Wort. Nie.

Fassbinder war ein Getriebener, der den Dingen auf den Grund zu gehen trachtete, auf der Suche nach der Schönheit in allen menschlichen Wesen. Fassbinder war mein Tänzer, mein unbekannter Tänzer: Man macht einen Schritt, dann zwei, dann drei – man spürt den Rhythmus, und man tanzt. So war es mit Fassbinder. Er sagte nichts, lediglich seine Assistentin gab mir zu verstehen, was ich machen mußte. Ich probte ein-, zweimal, dann wußte ich plötzlich – das ist es! –, und dann drehten wir. Das Buch von Genet ist gefährlich und rein, unmoralisch und poetisch, grausam und zärtlich. Manchmal läßt es mich innerlich erzittern. Ich glaube, daß Fassbinder in der Studioatmosphäre das Absolute von Leidenschaft und Angst filmisch am besten ausdrücken konnte.

Antonioni bevorzugte die totale Einsamkeit, die er auch seinen Schauspielern auferlegte. All diesen Regisseuren war eines gemeinsam: die Vorurteilslosigkeit gegenüber Menschen, wie Jean Renoir sie verstand, und der Blick des Liebenden.

] Nouvelle Vague [

Der erste Star der Nouvelle Vague war Brigitte Bardot in Vadims Et Dieu créa la femme, der unmittelbar vor Truffauts, Chabrols und Godards ersten Filmen entstand. Es war ein prophetisches Zeichen. Brigitte lebte ihr Schicksal auf ganz andere Weise. Ich hatte bereits zehn Jahre Filmerfahrung hinter mir, als ich mit Louis Malle und Truffaut zu arbeiten begann.

Als ich JULES ET JIM drehte, hatte ich das instinktive Gefühl, daß das etwas ganz Besonderes war. JULES ET JIM sah ich damals als die Chance meines Lebens. Als Chance, der ›Star‹-Rolle zu entkommen, dem stereotypisierten Kinostil – vollendet geschminkt und wohlfrisiert und stets umgeben von einem Friseur, einem Maskenbildner und einer Garderobiere. Auf einmal drehten wir in den Straßen, mit wenig Maske und in Kostümen, die wir uns selbst ausgesucht hatten. Niemand sagte mehr: »Du hast Ringe unter den Augen, dein Gesicht ist asymmetrisch.« Die Schminkerei war in zehn Minuten erledigt, das Haar wurde gewaschen und getrocknet, fertig. Plötzlich war natürliches Aussehen gefragt. Großaufnahmen bedeuteten nicht mehr, eine halbe Stunde im Scheinwerferlicht auszuharren. »Neige den Kopf in die Richtung, nein, so« – und wenn man den Kopf nur ein wenig hob, schrien sie: »Ein Schatten!« Plötzlich war da Leben. Ich spürte, wenn ich mich vor der Kamera entfalten und Freude an meiner Arbeit haben konnte, dann auf diese Weise.

Weder Malle, Truffaut, Godard, Chabrol noch Rivette begriffen damals, daß sie dabei waren, Filmgeschichte zu schreiben. In solchen Kategorien dachten wir nicht; jeder sah nur sein eigenes, persönliches Schicksal. Aber ich spürte: Was wir taten, war wichtig.

Es gefällt mir, daran zurückzudenken. Wenn ich die Fotos sehe von dieser Frau, dann stelle ich fest, daß ich das bin. Und doch bin ich es nicht mehr. Nicht nur durch die äußerlichen sichtbaren Veränderungen der Jahre. Auch innerlich bin ich das nicht mehr. Ich mag die andere, ich liebe sie, wie man ein Kind liebt. Aber ich ziehe die heutige Jeanne Moreau der damaligen vor.

]   Marguerite Duras   [

Ich kenne Marguerite seit 1958. Ich bewundere sie als Schriftstellerin und habe festgestellt, daß wir bei aller Verschiedenheit unserer Ausdrucksmittel nahezu in allem übereinstimmen. Ich bin keine Intellektuelle. Und Intellektuelle wie Marguerite, der ich sehr nahe stehe, sind von einer großen menschlichen Wärme. Intellektuell sein bedeutet nichts. Was allein zählt, sind Lebendigkeit und Sensibilität. Ich habe den Film NATHALIE GRANGER nicht zufällig mit ihr gedreht. Ich hatte das Bedürfnis, ihr nahe zu sein. Ich glaubte zu verstehen, was sie damit zum Ausdruck bringen wollte. Sie ist nicht nur eine großartige Schriftstellerin, sondern auch eine Meisterin des Kinos.

LE MARIN DE GIBRALTAR, 1965 gedreht von Tony Richardson nach einer Vorlage von Marguerite Duras, war nicht einfach zu adaptieren. Da kam es auf jeden Beistrich an. Sie spielt mit den Wörtern und ihren Bedeutungen. Sie erwecken den Seemann zum Leben. Das machte die Arbeit so fesselnd, auch für den Schauspieler: Man mußte eine Regung, eine Geste, ein Nichts, irgendetwas finden, um ein Komma von Marguerite zu ersetzen.

]   Regisseurinnen   [

Die Schwierigkeit für eine Frau, als Regisseurin zu arbeiten, hat vor allem mit ihrer inneren Einstellung zu tun: ihrem Mangel an Selbstvertrauen aufgrund ihres Geschlechts und ihrer weiblichen Sozialisation. Mir selbst wurden von Männern keine ›Schranken‹ auferlegt. Nicht, weil ich bekannt bin. Bekanntheit kann zweierlei auslösen: Zuneigung oder Aggression. Wenn eine Frau ein gutes Drehbuch vorweisen kann und weiß, was sie will, gibt es anfänglich vielleicht ein gewisses Zögern, doch das sollte sie einfach ignorieren, und sie wird feststellen: es verschwindet. Für Schauspielerinnen stellt sich hingegen massiv das Problem des Alterns, was viel mit dem traditionellen Rollenbild zu tun hat. So als hätte die Frau nur das Recht zu verführen, solange sie im gebärfähigen Alter ist.

] Frauenbilder [

Die Filme der fünfziger Jahre handelten von konventionellen Paarbeziehungen. Die meisten Filme wurden von Männern gedreht, deren Frauenbild festgelegt war auf die Göttin, die Hure und die Mutter. Die Nouvelle Vague hatte eine exaktere und frischere Vision. Während die Regisseure der fünfziger Jahre die Beziehungen zwischen Mann und Frau nach ihren Vorstellungen modellierten, versuchten die Regisseure der sechziger Jahre zu verstehen, wie sich die Dinge tatsächlich verhalten. Mit anderen Worten: Die Nouvelle Vague wies über das Kino hinaus und wurde zu einer Lebenshaltung.

In den siebziger und achtziger Jahren, mit der Frauenbefreiung und dem Verlangen der Frauen nach Autonomie, wurde die Vorstellung der Paarbeziehung und die Unterordnung unter den Meister und Ehemann endgültig obsolet. Frauen forderten ihre Gleichstellung, und dies provozierte bei den Männern eine bestimmte, von Furcht geprägte Reaktion: Aggressivität. Man betrachte sich nur Brian De Palma. In seinen Filmen werden Frauen stets geschlagen und umgebracht. Ich kenne De Palma, und ich halte ihn für einen guten Regisseur, aber wie er reagierten auch viele andere. Auch mein Ex-Mann, William Friedkin, dreht keine Filme mehr, in denen Frauen eine Rolle spielen. Er hat sie vollkommen aus seiner Welt verbannt. Plötzlich funktionierte die Vorstellungskraft der Männer einfach nicht mehr in gewohnter Weise. Das liegt nicht nur an der weiblichen Emanzipation, sondern an der sexuellen Libertinage. Sobald wir kriegen können, was wir wollen und wann immer wir es wollen – sei es ein Stück Kuchen, den Körper einer Frau oder einen Apfel –, verliert es seinen Reiz. Das Begehren – die Heiligkeit der Dinge – ist verschwunden. Man genießt Sex nicht anders als ein gutes Steak oder einen Drink. Er wird zur Gewohnheit. Das hat die Menschen nicht glücklicher gemacht.

Sex ist nicht mehr heilig. Ich meine das nicht im religiösen Sinne, aber diese Dinge waren tabuisiert, und wir mußten heimlich damit experimentieren. Jeder Mensch hatte eine Beziehung zu etwas Tabuisiertem, das nur ihm gehörte. Nun auf einmal gab es keine Tabus mehr, keine verborgenen privaten Geheimnisse. Wir glaubten, gesiegt zu haben – alles war erlaubt, und wir meinten, die Welt gehöre uns. Doch das Geheimnis, das kostbare kleine Ding, das uns gehörte, das haben wir verloren. Wir sehen das in den Filmen, in den Figuren, die uns zum Träumen bringen. Aber auch das kann sich ändern. Der Mensch besitzt nichts, was von Dauer ist. Angefangen mit dem Leben. Man verliert es. Wer etwas hat, das ihn glücklich macht – er wird es nicht festhalten können. Und wem etwas Schmerzliches widerfährt – auch das geht vorbei.

Ich habe nicht vor, mir das Abenteuer, das ich *la vie* nenne, vom Alter verderben zu lassen. Vielleicht arbeite ich deshalb jetzt so viel. Wohl ist es schwierig, älter zu werden – für die anderen. Ich selber bin so beschäftigt damit, ständig das zu tun, was ich zu tun habe, daß ich nicht in dieser Weise an das Problem denke. Vergleichen Sie mich bitte nicht mit Simone Signoret. Das war eine verzweifelte Frau. Ich bin glücklich, ich bin nicht verzweifelt. Bei der Arbeit an ihrem letzten Film – das war mein Film L'ADOLESCENTE –sagte Simone zu mir: »Du drehst nur deswegen nicht mehr, weil du zu schön warst. Du mußt alt werden – sieh dir meine kaputte Fresse an, damit kann man einen Film drehen!« Ich sagte: »Simone, jeder Mensch hat sein eigenes Leben.«

Eine andere Karriere fasziniert mich: die von Laurence Olivier. Ich möchte den Lear spielen, wie er, mit achtzig. In dem Alter ist es nicht einmal mehr wichtig, ob man ein Mann oder eine Frau ist ... Lear! Ich werde es Grüber sagen.

] C'est quoi, la vie? [

Leben, das heißt, zu jeder Minute, jeden Tag die einfachsten Freuden so zu genießen, als sei es das letzte Mal. Der Genuß einer Zigarette, das Lächeln eines Freundes, das Aufblühen einer Blume, ein besonderes Licht, eine Berührung, ein Duft. Kurzum, die unentwegte Neugier auf Menschen, Worte und Dinge.

Ich betrachte das Leben als kosmischen Entwurf. Warum sollte ich mich für Dinge interessieren, die je nach Mode kommen und gehen? Für eine Macht, die alle sieben Jahre wechselnden Mehrheiten zufällt? Die Geschichte schreitet mit großer Geschwindigkeit voran. Ich liebe die Menschen, und mich packt die Angst, wenn ich an all die Dinge denke, die von der Politik nicht geregelt werden können. Ich kann mich nicht für Politik interessieren. Ich *kann* nicht. Als man mich bat, mich für die vom Tode bedrohten Frauen in Portugal einzusetzen, habe ich das getan. Ich habe auch das Manifest für die Freigabe der Abtreibung mitunterzeichnet. Aber da ging es nicht um Politik, sondern um Leben.

Ich verabscheue jede Form von Organisation, die mit einem großen Buchstaben beginnt. Politische Parteien, Gewerkschaften, und so weiter. Alles, was nach Macht strebt. Vielleicht bin ich egozentrisch. Ich bin ich. Ich sehe die Dinge auf meine Weise, mit meiner Sensibilität, meinem Humor, meinem Temperament. Darum graust mir vor Verallgemeinerungen. Was mich vor allem interessiert, ist der Reichtum zwischenmenschlicher Beziehungen. Ich denke nicht in Hierarchien. Ich denke in Kategorien von persönlicher Verantwortung und dem Gleichgewicht der Kräfte, von Geben und Nehmen. Ich habe als Kind gelernt, mich zu bedanken, wenn ich etwas bekomme. Ich liebe Ordnung – die Ordnung im Kopf. Mir ist jede Art von Chaos zuwider.

Ich bin tief gläubig. Obwohl ich nicht sagen kann, worin dieser Glaube wurzelt. Vielleicht in der göttlichen Natur des Menschen. Ich glaube, anderswo muß man nicht suchen. Ich glaube an die Unsterblichkeit der Seele, und darum spreche ich von der göttlichen Natur des Menschen. Ein Mensch ist wie ein Baum. Ein Baum ist stets schön. Aber er ist im ständigen Wandel begriffen. Darum sind Landschaften so faszinierend. Ein Baum bleibt immer schön, egal wie groß oder klein, kahl oder üppig er ist.

] Muttersprache – Vaterland [

Ich bin zur Hälfte Französin und zur anderen Hälfte Engländerin. Ich liebe England, wie man seine Mutter liebt, mit Zärtlichkeit, Hochachtung und einer gewissen Gereiztheit. Doch an Frankreich hänge ich wie an meiner Haut. Jahrzehntelang habe ich dem Französischen, der Sprache meines Vaters, Tribut gezollt; nun entrichte ich ihn meiner Muttersprache, dem Englischen. Das ist nur eine andere Facette meines Wesens. Die Zweisprachigkeit ist allerdings mehr als nur eine gymnastische Übung; sie ist eine Art Verdoppelung: man lebt in zwei Kulturen. Es gibt Unterschiede in der Sensibilität, in der Annäherung an die Dinge. Da reicht es nicht nur, von einer Sprache in die andere zu wechseln. Das ist keine Frage der Übersetzung, sondern der Einstellung, der inneren Befindlichkeit. Meinen dritten Film, eine Adaption des Romans »Solstice« von Joyce Carol Oates, will ich auf englisch drehen, im Norden Englands, unweit der schottischen Grenze, wo meine Mutter geboren wurde, in der Nähe von Lancaster, dessen Universität mich unlängst zum Ehrendoktor ernannte.

] Ich versuche, konstruktiv zu sein. [

Meine Neugier ist unersättlich. Wenn mir etwas Verrücktes widerfährt – wie etwa der Anruf des russischen Regisseurs Rustam Khamdamov, der sagt: »Ich kann Sie nicht bezahlen. Sie müssen Ihr Flugticket selbst bezahlen. Das einzige, was ich Ihnen bieten kann, ist ein warmes Essen und ein gutes Bett!« –, dann lasse ich mich darauf ein. Oder wie Wim Wenders, den ich seit Jahren kenne, lange bevor er seinen ersten Spielfilm drehte. Als er mich bat, in seinem nächsten Film zu spielen, sagte ich zu, obwohl ich noch nicht einmal das Drehbuch kannte. Freude. Ich will meine Freude am Leben haben. Ich singe, ich spiele, ich schreibe, ich führe Regie. Ich versuche alles, was mir zur Verfügung steht, auszuschöpfen, solange ich lebe.

Benutzte Quellen: Vogue, Nr. 146, 15.11.1965. – Image et Son, Nr. 194, Mai 1966. – Life International, 6.2.1967. – Le Nouvel Observateur, 7.8.1967. – Ecran, Nr. 28, August/September 1974. – Nicole Lise Bernheim: Entretien avec Jeanne Moreau. In: Paroles … elles tournent! Hrsg. von Des Femmes de Musidora. Paris: Editions des Femmes 1976, S. 98–106. – American Film, Nr. 7, Mai 1976. – Cinématographe, Nr. 82, Oktober 1982. – Films in Review, Nr. 10, Dezember 1983. – American Film, Nr. 9, Juli/August 1984. – Die Zeit, 18.2.1985. – Le Monde, 27.10.1985. – Cahiers du Cinéma, Nr. 392, Februar 1987. – L'Espresso, 21.6.1987. – Film Comment, Nr. 2, März/April 1990. – du, Nr. 9, September 1991 (Themenheft: Marcello Mastroianni und Jeanne Moreau. Ein Mann und eine Frau). – Süddeutsche Zeitung, 10.9.1991. – Positif, Nr. 411, Mai 1995. – Süddeutsche Zeitung, 23.1.1998. – Sight & Sound, Nr. 12, Dezember 1998.

Dreharbeiten The Great Catherine: Jeanne Moreau

 Klaus Hoeppner
Biografie

Zwei Ohrfeigen stehen am Beginn ihrer Karriere: Die eine bekommt sie von Jean Gabin, die andere – so will es die Legende – vom eigenen Vater. Die Filmohrfeige des Schauspielers Gabin in TOUCHEZ PAS AU GRISBI macht 1954 Filmgeschichte. Der Vater versucht Jahre zuvor mit seiner Ohrfeige zu verhindern, daß sein Kind überhaupt den Beruf der Schauspielerin ergreift. »Mein Vater war sehr streng, er hat mir beigebracht, mich nie zur Schau zu stellen«, gesteht Jeanne Moreau Jahre später der Publizistin Oriana Fallacci. Doch väterliche Autorität und Strenge haben nicht verhindern können, daß die am 23. Januar 1928 in Paris geborene Schauspielerin, Regisseurin, Drehbuchautorin, Produzentin und Sängerin nun selbst zu einer – allerdings äußerst lebendigen – Legende geworden ist. Mit der Skepsis des Vaters ihrem Beruf gegenüber, wird sie, trotz ihrer Erfolge, Zeit seines Lebens zu kämpfen haben.

Ihr Vater Anatole Désiré Moreau verläßt nach dem Ersten Weltkrieg den elterlichen Bauernhof in der Nähe von Vichy, um in der französischen Hauptstadt im Arrondissement Montmartre ein Restaurant zu eröffnen, das bald zu einem Künstlertreffpunkt wird. Dort lernt er die englische Tänzerin Kathleen Sarah Buckley kennen, die mit den Tiller Girls in den Folies-Bergères auftritt. Die beiden heiraten und gründen eine Familie. Ihrem Mann zuliebe gibt Kathleen Moreau das Tanzen auf, wird Hausfrau und Mutter. 1938 wird Jeanne Moreaus Schwester Michèlle geboren. Die Ehe der Eltern wird Ende der vierziger Jahre geschieden. Ihre Kindheit und Jugend verbringt Jeanne Moreau abwechselnd in Paris, bei den Großeltern in England und in der französischen Provinz.

Als sie 1943, mit 15 Jahren, im Pariser Ateliertheater Jean Anouilhs »Antigone« sieht, steht für sie fest, daß sie Theaterschauspielerin werden will. Gegen den Willen des Vaters, aber mit Unterstützung der Mutter, nimmt sie Schauspielunterricht und besucht das Conservatoire National d'Art Dramatique in Paris. Noch bevor sie ihre Ausbildung abschließt, wird sie von Jean Vilar für das erste Theaterfestival in Avignon engagiert. Dort tritt Jeanne Moreau im September 1947 gleich in drei verschiedenen Inszenierungen auf. In einer Hauptrolle und zwei Nebenrollen beeindruckt sie Publikum und Kritik gleichermaßen. Ihr Pariser Bühnendebüt folgt zwei Wochen später in der Comédie Française. Noch im selben Jahr spielt sie dort ihre erste große Rolle in Turgeniews »Ein Monat auf dem Lande«. Im Januar 1948 unterschreibt sie einen Vier-Jahres-Vertrag, der ihr gestattet, weiterhin das Schauspiel-Konservatorium zu besuchen. Mit 20 Jahren ist Jeanne Moreau das jüngste Mitglied, das diesem Theater bis dahin angehört hat. Obwohl sie schon Ende 1949 ihre erste Filmrolle in Jean Stellis DERNIER AMOUR bekommt, bleibt sie dem Theater bis 1958 treu. Am 27. September 1949 heiratet Jeanne Moreau ihren Schauspielerkollegen Jean-Louis Richard, im selben Monat wird ihr Sohn Jérôme geboren. Obwohl sich das Paar bald wieder trennt, wird die Ehe erst Mitte der sechziger Jahre offiziell geschieden.

1951 – Auftritte in 29 Inszenierungen liegen hinter ihr – schlägt sie einen Vertrag mit der Comédie Française über eine Dauer von 20 Jahren aus und wechselt an das Théâtre National Populaire. Sie ist nun häufiger auch auf der Kinoleinwand zu sehen, doch den größeren Publikumserfolg hat Jeanne Moreau zunächst am Theater. Zu einer kleinen Sensation wird die Aufführung von Anna Bonaccis Boulevardstück »L'Heure éblouissante« am Théâtre Antoine in Paris. Als die Haupdarstellerin Suzanne Flon kurz vor der Premiere erkrankt, spielt Jeanne Moreau neben ihrer eigentlichen Rolle auch die der Kollegin. Ursprünglich nur für 60 Aufführungen geplant, kommt das Stück auf knapp 500 Vorstellungen. Mit zwei Liedern aus dieser Komödie debütiert Jeanne Moreau 1953 auf dem Schallplattenmarkt. Ihre eigentliche Gesangskarriere wird sie jedoch erst zehn Jahre später mit der Veröffentlichung des Chansons »Le Tourbillon« aus dem Film Jules et Jim und mit ihrer ersten Langspielplatte »12 Chansons de Cyrus Bassiak« beginnen. Danach veröffentlicht sie, neben weiteren Chanson-Platten – unter ihnen 1970 sogar eine mit eigenen Texten: »Jeanne chante Jeanne« –, auch Alben mit Rezitationen von Alexandre Dumas, Charles Baudelaire, Jean Cocteau und anderen Autoren.

1954 holt Jean Marais die 26jährige für zwei Inszenierungen an das von ihm geleitete Théâtre des Bouffes Parisiens. Er hat mit ihr bereits in den Filmen Dortoir des grandes von Henri Decoin und Julietta von Marc Allégret gespielt und gibt ihr nun Gelegenheit, sich in der Rolle der Sphinx in Jean Cocteaus »La Machine infernale« zu profilieren. Cocteau ist hingerissen: »Du bist wunderbar. Du bist so sehr die Sphinx, daß du nicht mehr du bist, du bist sie: sie hat dich verschlungen und spricht mit deiner Stimme.« Durch Cocteau lernt Jeanne Moreau die Autorin Colette und andere Schriftsteller kennen.

Die entscheidende Wende in ihrer Filmkarriere bringt die Begegnung mit dem bis dahin unbekannten Dokumentarfilmer Louis Malle. Er sieht Jeanne Moreau in Peter Brooks Inszenierung von Tennessee Williams' »Cat on a Hot Tin Roof« und fragt die Schauspielerin, ob sie eine Rolle in seinem ersten Spielfilm übernehmen wolle. Gegen den Rat ihres Agenten willigt sie ein, obwohl ihr der junge Regisseur keine Gage zahlen kann. Der Film heißt Ascenseur pour l'échafaud und kommt 1958, sechs Tage nach ihrem dreißigsten Geburtstag, in die französischen Kinos. Sein Erfolg, vor allem bei der Kritik, macht die zwanzig vorangegangenen Filme, in denen Jeanne Moreau mehr oder weniger große Rollen neben Stars wie Jean Gabin, Fernandel, Annabella, Danielle Darrieux und Lino Ventura gespielt hat, fast vergessen. Sie wartet nun auf den Drehbeginn von Les Amants, dem nächsten Louis Malle-Film, der 1958 bei den Filmfestspielen in Venedig läuft und, dank der Intervention des venezianischen Bischofs, zu einem Skandalerfolg wird. Das Jahr 1958 markiert auch den vorläufigen Abschied der Schauspielerin vom Theater. Erst 1974 wird sie wieder eine Theaterbühne betreten.

Wurde Les Amants in Deutschland um einige Szenen gekürzt, so gelangt ihr nächster Film, Roger Vadims Les Liaisons dangereuses 1960, zunächst überhaupt nicht in die bundesdeutschen Kinos. Diesmal liegt es jedoch an einer Exportbeschränkung, die dem Film von der französischen Filmkontrollbehörde auferlegt wird. Man fürchtet um das Ansehen Frankreichs in der Welt. Eine nationale Freigabe erhält der Film nur unter der absurden Bedingung, die Jahreszahl 1960 mit in den Titel aufzunehmen. Mit Verspätung ist der Film dann auch ein Jahr später auf deutschen Leinwänden zu sehen.

Mit Filmen von Peter Brook und Michelangelo Antonioni beginnen für Jeanne Moreau die künstlerisch fruchtbaren sechziger Jahre. Für Brooks Moderato Cantabile, nach einem Drehbuch von Marguerite Duras, bekommt sie 1960 den Darstellerpreis bei den Filmfestspielen in Cannes, wenngleich Kritik und Publikum eher verstört auf den Film reagieren. Im Sommer des selben Jahres spielt sie an der Seite von Marcello Mastroianni in Antonionis La Notte. Die Dreharbeiten empfindet sie als »Albdruck«, sie fühlt sich vom Regisseur alleingelassen: »Die beiden einzigen, die miteinander sprachen,

Jeanne Moreau, fünfziger Jahre

waren Mastroianni und ich. Ich litt. Ich mußte Beruhigungsmittel, Schlaftabletten nehmen«, erinnert sie sich in einem Gespräch mit Oriana Fallacci. Als sie 35 Jahre später, quasi als lebende Kinolegende, zusammen mit Marcello Mastroianni ein zweites Mal in einem Antonioni-Film mitwirkt, steht Wim Wenders, der für die Überleitungen des Episodenfilms Par-delà les nuages verantwortlich zeichnet, hinter der Kamera.

Das Jahr 1961 ist geprägt von ihrem bis heute wohl bekanntesten Film: Jules et Jim von François Truffaut. Schon in dessen Film-Debüt Les Quatre cents coups hatte Jeanne Moreau einen Kurz-Auftritt. Nun gibt ihr der Regisseur erstmals in einer Hauptrolle Gelegenheit, ihre komödiantisch-melancholische Seite zu zeigen. Sie engagiert sich sehr für das Projekt, auch finanziell. Der Film manifestiert ihren Ruf, die »Muse der Nouvelle Vague« zu sein. 1967 arbeitet sie erneut mit François Truffaut: La Mariée était en noir ist nun vollkommen auf den Star Jeanne Moreau zugeschnitten.

Die Zusammenarbeit mit einem anderen Vertreter der Nouvelle Vague, Jean-Luc Godard, fällt hingegen recht kurz aus. Nach einem Cameo-Auftritt in Une Femme est une femme – Jeanne Moreau antwortet auf die Frage Jean-Paul Belmondos, wie es ihr geht, lediglich: »Moderato!« – schlägt sie Godard als Regisseur für ihren nächsten Film Eva vor. Die Romanvorlage von James Hadley Chase hatte ihr Jean Cocteau empfohlen: es gebe darin eine Rolle, die ihr auf den Leib geschrieben sei. Die Produzentenbrüder Hakim, die die Filmrechte erworben hatten, lehnen Godard jedoch ab, weil dieser nach vier Wochen als ersten Entwurf nur eine einzige Seite präsentiert. Die Schauspielerin, die mittlerweile ein gewisses Mitspracherecht bei der Auswahl ihrer Regisseure hat, schlägt als Alternative den Amerikaner Joseph Losey vor. Doch der fertige Film stellt die Produzenten nicht zufrieden. Losey muß den Film um 20 Minuten kürzen, Dramaturgie und Musik werden verändert. Der Termin beim Filmfestival von Venedig kann nicht eingehalten werden, der Film wird ein Mißerfolg. Doch Joseph Losey, mit dem sie noch zweimal, 1976 in Monsieur Klein und 1982 in La Truite, zusammenarbeiten wird, ist angetan von der Kunst seiner Darstellerin: »Jeanne spielt weniger, als daß sie sich verhält. Aber sie verhält sich in paradoxen, dem Leben entliehenen Situationen genau richtig, und man muß sie dann filmen, als geschehe alles in Wirklichkeit.« In Eva trägt Jeanne Moreau erstmals Kostüme von Pierre Cardin. Der Modeschöpfer wird ihr filmisches und öffentliches Image der nächsten Jahre prägen. Privat sind beide für lange Zeit verbunden.

1963 sucht Jacques Demy für seinen Film La Baie des anges eine Darstellerin à la Jean Harlow. Jeanne Moreau stellt sich dieser Herausforderung, wieder in Cardin-Couture, aber mit platinblonden Haaren. Gegen ihren gewohnten Typ wird sie auch von Marcel Ophuls in dessen erstem Spielfilm Peau de banane besetzt. Mit Kurzhaar-Frisur und in bester Spiellaune ist sie als vitale Komödiantin an der Seite von Jean-Paul Belmondo zu sehen. Bereits 1960 hatte sie bei Ophuls' Matisse-Porträt als Sprecherin mitgewirkt, und auch in den achtziger Jahren wird sie in seinem Dokumentarfilm Hotel Terminus zu hören sein.

Der Spanier Luis Buñuel setzt sie in seinem Film Le Journal d'une femme de chambre wieder ganz ihrem Image gemäß als Femme fatale ein. Auf dem Filmfestival in Karlový Vary erhält sie für ihre Rolle der Kammerzofe den Darstellerpreis. Ein geplantes zweites Projekt mit dem spanischen Regisseur scheitert an der Finanzierung. Nach kurzen Auftritten in Großproduktionen wie Le Train (der Regisseur Arthur Penn, der bereits einen Teil der Filmszenen gedreht hatte, wurde zu Moreaus Leidwesen von der Produktion durch John Frankenheimer ersetzt) und Anthony Asquiths The Yellow Rolls-Royce

Jeanne Moreau, sechziger Jahre

spielt sie 1964 die Titelrolle in Mata-Hari, agent H. 21 für ihren Noch-Ehemann Jean-Louis Richard, der zusammen mit François Truffaut auch das Drehbuch zu dem Film verfaßt hatte.

Eine wichtige Person im Leben von Jeanne Moreau ist der Amerikaner Orson Welles. Bereits 1950 lernen sich die beiden im Anschluß an ihren Auftritt in Jean Meyers Comédie Française-Inszenierung von Shakespeares »Othello« kennen, doch erst 1962 beginnt ihre gemeinsame Arbeit: Zunächst ist sie Fräulein Bürstner in seiner Kafka-Adaption The Trial, 1964 spielt sie an seiner Seite die Rolle der Doll Tearsheed in Chimes at Midnight nach Motiven von Shakespeare. Eine Hauptrolle gibt ihr der Regisseur zwei Jahre später in seinem ersten Farbfilm Une Histoire immortelle. Ein viertes Projekt der beiden, The Deep / Dead Reckoning aus dem Jahr 1967, wird von Welles nie fertiggestellt.

1965 spielt Jeanne Moreau in zwei Filmen des Engländers Tony Richardson. Er überläßt ihr die Auswahl der Vorlagen. Für Mademoiselle wählt sie ein sieben Jahre altes Drehbuch von Jean Genet, für The Sailor from Gibraltar einen Roman von Marguerite Duras. In beiden Adaptionen spielt sie irritierende Frauenfiguren, die weder vom großen Publikum noch von der Kritik verstanden werden. Doch zunächst kommt Viva Maria in die Kinos, in dem sie sich wieder einmal als Komödiantin offenbaren kann. In Louis Malles Revolutionsgroteske ist die Schauspielerin auf dem Höhepunkt ihres Starruhms. Ihr Auftritt mit Brigitte Bardot wird schon während der Dreharbeiten in Mexiko von der Presse zu einem Zweikampf der Superstars hochstilisiert.

Spätestens jetzt ist Jeanne Moreau eine Ikone des französischen Kinos. Ihre Auftritte in Filmen werden kürzer, haben oft nur Kultcharakter. So tritt sie 1969 in Jean Renoirs letztem Film, Le Petit théâtre de Jean Renoir, nur ein Chanson singend auf und spielt sich in Paul Marzurskys Alex in Wonderland an der Seite von Donald Sutherland selbst. In Nathalie Granger von Marguerite Duras, mit der sie eine lange Freundschaft verbindet, wirkt sie fast privat. Recht wortkarg verrichtet sie hier zusammen mit Lucia Bosè die alltäglichen Dinge des Haushalts. In den frühen siebziger Jahren spielt sie, vom Publikum fast unbemerkt, Hauptrollen bei Philippe de Broca und dem brasilianischen Cinema novo-Regisseur Carlos Diegues. Sie widmet sich nun verstärkt eigenen Projekten. Möglicherweise durch ihr Gastspiel als Chefredakteurin der französischen Vogue-Weihnachtsausgabe 1970 inspiriert, produziert Jeanne Moreau 1971 zusammen mit ihrem Ex-Ehemann Jean-Louis Richard und dem Fernsehproduzenten Christian Gion das Video-Magazin »In«. Sie wählt die Themen aus und präsentiert eine bunte Mischung aus Interviews und journalistischen Beiträgen über Kultur und Gesellschaft. Die Videokassetten sollen in Friseursalons und Hotels auf Großbildschirmen gezeigt werden. Mangels Nachfrage wird das Magazin jedoch bald wieder eingestellt.

Ihren ersten eigenen Spielfilm, für den sie auch das Drehbuch schreibt, dreht Jeanne Moreau 1975: Lumière hat das Leben von vier Schauspielerinnen zum Inhalt; eine von ihnen spielt sie selbst, da weder Audrey Hepburn noch Anouk Aimée, die sie gern besetzt hätte, zur Verfügung standen. 1977 heiratet sie den amerikanischen Regisseur William Friedkin, verkauft ihr Haus in Frankreich und siedelt in die USA über. Dort arbeitet sie zusammen mit der Schriftstellerin Henriette Jelinek am Drehbuch für ihre zweite Regiearbeit L'Adolescente. Der Film, der den Übergang von der Kindheit zum Frausein thematisiert, erlebt 1979 bei den Berliner Filmfestspielen seine internationale Premiere. Jeanne Moreau ist nun das erste Mal als Regisseurin in Berlin vertreten, nachdem sie bereits viermal als Schauspielerin – 1954 mit Julietta, 1956 mit Le Salaire du péché, 1961 mit La Notte und 1968 mit Une Histoire immortelle – bei der Berlinale zu Gast war. Schon 1982 kommt sie erneut, als Darstellerin in Henri

Verneuils Film Mille Millards de Dollars, um schließlich ein Jahr später die Jury-Präsidentschaft des Festivals zu übernehmen. 1987 besucht sie noch einmal mit Le Miraculé die Internationalen Filmfestspiele in Berlin.

In den achtziger Jahren, nach ihrer Scheidung von William Friedkin und der Rückkehr nach Frankreich, hat Jeanne Moreau große Auftritte in kleinen Rollen in Filmen von Henri Verneuil, Rainer Werner Fassbinder, Jacques Doillon, Michel Deville und Jean-Pierre Mocky. Sie gründet zusammen mit dem Produzenten Klaus Hellwig die Firma »Cappella Films« und plant eine Reihe mit Porträts amerikanischer Schauspielerinnen, in Anlehnung an ihre Radio-Essays über amerikanische Darsteller, die sie 1982 für die Sendereihe »Boulevard des Stars« von Radio Monte Carlo hergestellt hatte. Nur einen Film, ein Lillian Gish-Porträt, kann sie realisieren.

Immer häufiger spielt sie nun auch Rollen in Fernsehfilmen, doch ihren größten Erfolg hat Jeanne Moreau Ende der achtziger Jahre auf der Theaterbühne. Zwar kehrte sie nach sechzehnjähriger Bühnenabstinenz bereits 1974 in Peter Handkes »Der Ritt über den Bodensee« ans Theater zurück, doch erst die Inszenierung von Klaus-Michael Grüber, »Le Récit de la Servante Zerline« nach Hermann Brochs Roman »Die Schuldlosen«, bringt ihr auch den gewünschten Erfolg. Bis 1991 geht sie damit auf ausgedehnte Gastspielreise durch Europa und Japan. 1989 kehrt sie auf die Bühne von Avignon zurück: In einer fünfstündigen Inszenierung von Antoine Vitez spielt sie die umjubelte Titelrolle in Fernando de Rojas Drama »Celestina«.

Immer öfter gibt Jeanne Moreau jetzt ihre Erfahrung in Kursen über Schauspielkunst an den Nachwuchs weiter. Sie hält Seminare in Los Angeles, Florenz und Lancaster und arbeitet mit beim »Equinox«-Festival in Bordeaux, einer Workshop-Veranstaltung für junge Drehbuchautoren. 1993 wird sie Präsidentin der Filmförderungs-Institution »Commission d'Avances sur Recettes«.

Auch in den neunziger Jahren ist sie als Filmschauspielerin zu sehen, sowohl in Filmen junger, noch unbekannter Regisseure, als auch in Produktionen von etablierten Filmemachern wie Luc Besson, Wim Wenders und Agnès Varda. In Le Pas suspendu de la cigogne von Theo Angelopoulos feiert sie 1991, dreißig Jahre nach La Notte, ein filmisches Wiedersehen mit Marcello Mastroianni.

Für ihre Hauptrolle in Laurent Heynemanns La Vieille qui marchait dans la mer erhält Jeanne Moreau 1992 den César. Die Filmfestspiele von Venedig verleihen ihr 1992 den Goldenen Löwen für ihr Lebenswerk und 1997 wird ihr in Berlin der Europäische Filmpreis überreicht. Mit 70 Jahren betritt Jeanne Moreau noch einmal Neuland: 1998 führt sie Regie in ihrem ersten Musik-Video – »Mama« von und mit der Sängerin Khadja Nin. Ihre Vitalität ist ungebrochen, und allein 1999 spielt sie in sechs verschiedenen Filmen mit.

»Ich habe nie aufgehört zu leben, zu arbeiten oder nicht zu arbeiten, zu reisen, Leute zu treffen oder niemanden zu sehen, zu träumen oder nicht zu träumen. (…) Ich will, daß mein Leben ein Erfolg ist und nicht meine Karriere. (…) Ich will leben«, bekräftigt sie in einem Fernseh-Porträt von Corinne Pulver. Und auch ihre ›Dame, die im Meer spazierte‹ ist der Meinung, daß »genug« ein Begriff für Rentner ist.

Mata-Hari, Agent H. 21: Jeanne Moreau

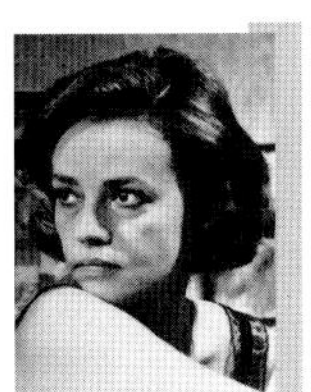

Klaus Hoeppner

Filmografie

Dernier amour. Letzte Liebe. – Frankreich 1948/49. – Regie: Jean Stelli. – Buch: Françoise Giroud (nach dem gleichnamigen Roman von Georges Ohnet). – Kamera: Gené Gaveau. – Schnitt: Andrée Laurent, Mireille Baron. – Musik: René Sylviano. – Ausstattung: Robert Hubert. – Produktion: Consortium de Productions de films. – Produzent: Aimé Frapin. – Länge: 99 M. – Schwarzweiß. – Premiere Paris: 12.8.1949. – Deutsche Erstaufführung: 26.1.1951, Berlin, Kurbel. – Darsteller: Annabella, Georges Marchal, Jeanne Moreau, Suzanne Flon, Jean Debucourt. – Illustrierte Film-Bühne: Nr. 910.

Eine gute Lehre für Ehefrauen, wie man es nicht machen soll, um den Mann in die Arme einer anderen zu treiben. Eine gute Lehre auch für Autoren: wie man Szenen baut und Dialoge formt, daß selbst das Alltägliche, oft Dagewesene neuen Reiz erhält. Eine gute Lehre auch für Produzenten: Mut, Mut, neue Gesichter zu entdecken! Eine gute Lehre schließlich auch für Stars: Annabella spielt die um ihr Liebesglück kämpfende Frau; sie spielt sie wundervoll, während Jeanne Moreau, ihre jüngere Rivalin – eben nicht spielt, sondern in Lachen und Weinen vergessen macht, daß sie vor einer Kamera steht. (Geno Ohlischlaeger, Filmblätter, Nr. 5, 2.2.1951)

Meurtres. Klagt mich an! – Frankreich 1950. – Regie: Richard Pottier. – Buch: Charles Plisnier, Maurice Barry (nach einem Roman von Charles Plisnier). – Dialoge: Henri Jeanson. – Kamera: André Germain. – Schnitt: Hélène Battini. – Musik: Raymond Legrand. – Ausstattung: Paul-Louis Boutié. – Produktion: Cité Films / Fidès. – Produzent: Walter Rupp. – Länge: 120 M. – Schwarzweiß. – Premiere Paris: 10.10.1950. – Der Film sollte ursprünglich in der BR Deutschland anlaufen, ein Kinostart konnte jedoch nicht nachgewiesen werden. – Darsteller: Fernandel, Mireille Perrey, Line Noro, Jeanne Moreau, Colette Mareuil. – Illustrierte Film-Bühne: Nr. 2282.

Fernandel, der in Frankreich als »Komiker des kleinen Mannes« seit Jahren bekannt ist, hat jetzt (...) eine tragische Rolle übernommen. Hinter dem aggressiven Titel »Klagt mich an!« verbirgt sich der Fall eines Mannes, der aus Liebe zum Mörder wurde. Er tötet seine Frau, die an einer unheilbaren Krankheit leidet, und glaubt, daß er für sie und sich das einzig Richtige tut. (Benno Weger, Der Tagesspiegel, 30.5.1954). – Jeanne Moreau spielt die Nichte des Mannes, die seine Tat versteht und ihn vor Anfeindungen seiner Brüder in Schutz nimmt.

Pigalle-Saint-Germain-des-Prés. – Frankreich 1950. – Regie: André Berthomieu, Jean Prat. – Buch: André Berthomieu, Ray Ventura. – Kamera: Charles Suin. – Schnitt: Louisette Hautecœur. – Musik: Paul Misraki. – Ausstattung: Raymond Nègre. – Produktion: Hoche Productions. – Produzent: Jean Darvey. – Länge: 85 M. – Schwarzweiß. – Uraufführung: 7.11.1950, Marseille. – Darsteller: Henri Genès, Jeanne Moreau, Gabriel Cattand, Georges Lannes, Paul Faivre, Jacques Hélian und sein Orchester.

Jeanne Moreau spielt die Blumenverkäuferin Pâquette, die sich in einen Dichter verliebt. Sie begleitet ihn und ein Orchester bei deren Gangsterjagd. Ein Musikfilm mit Krimihandlung.

L'Homme de ma vie / L'Uomo della mia vita. Der Mann meines Lebens. – Frankreich / Italien 1951/52. Regie: Guy Lefranc. – Buch: Henri Jeanson (nach einer Idee von Oreste Biancoli). – Bearbeitung: Michel Audiard. – Kamera: Carlo Carlini. – Schnitt: Christian Gaudin. – Musik: Paul Misraki. – Ausstattung: Nicoletti. – Produktion: Cité Films / Filmeuropa, Rom. – Produzenten: Walter Rupp, Jacques Bar. – Länge: 98 M. (Deutsche Fassung: 95 M.). – Schwarzweiß. – Premiere Paris: 16.4.1952. – Italienischer Kinostart: 30.5.1952. – Deutsche Erstaufführung: 14.6.1961, ARD. – Darsteller: Madeleine Robinson, Jeanne Moreau, Giovanni Glori, Henri Vilbert, Jane Marken (beide nur in der französischen Version), Olga Solbelli, Umberto Sparado (beide nur in der italienischen Version). – Der Film wurde in einer französischen und einer italienischen Version gedreht.

Jeanne Moreau spielt die Tochter einer ehemaligen Prostituierten, die erst durch ihren Verlobten von der Vergangenheit der Mutter erfährt. Als er sie deshalb verlassen will, tötet sie ihn. Die Mutter deckt ihre Tochter, indem sie vorgibt, die Mörderin zu sein.

Il est minuit, Docteur Schweitzer. Es ist Mitternacht, Dr. Schweitzer. – Frankreich 1952. – Regie: André Haguet. – Buch: Henri André Legrand, André Haguet (nach dem gleichnamigen Theaterstück von Gilbert Pierre F. Cesbron). – Kamera: Lucien Joulin. – Schnitt: Charlie Brestoneiche. – Musik: Marius-Paul Guillot. – Ausstattung: Roland Quignon. – Produktion: Nordia Films. – Produzent: M. Georges Bernier. – Länge: 95 M. – Schwarzweiß. – Premiere Paris: 19.11.1952. – Deutsche Erstaufführung: 14.1.1953, Bonn, Residenz. – Darsteller: Pierre Fresnay, Jeanne Moreau, Raymond Rouleau, Jean Debucourt, André Valmy. – Illustrierte Film-Bühne: Nr. 1808.

Der Film zeichnet Leben und Werk von Albert Schweitzer nach. Jeanne Moreau spielt eine Krankenschwester, die den Arzt nach Afrika begleitet.

Dortoir des grandes. Im Schlafsaal der großen Mädchen. – Frankreich 1953. – Regie: Henri Decoin. – Buch: Henri Decoin, François Chalais (nach dem Roman »Dix-huit phantômes« von Stanislas André Steeman). – Kamera: Robert Le Fèbvre. – Schnitt: Denise Reiss. – Musik: Georges Van Parys. – Ausstattung: René Renoux. – Produktion: C.F.C. Films / E.G.E. – Produzent: Raymond Eger. – Länge: 98 M. – Schwarzweiß. – Premiere Paris: 2.9.1953. – Deutsche Erstaufführung: 30.6. 1954, Berlin, Gloria-Palast. – Darsteller: Jean Marais, Françoise Arnoul, Denise Grey, Line Noro, Jeanne Moreau, Louis de Funès. – Illustrierte Film-Bühne: Nr. 2384.

Wenn im Schlafsaal eines Pensionats »besserer Töchter« ein Mord geschieht, ist das eine peinliche Angelegenheit. So legt die Madame Vorsteherin selbstverständlich Wert darauf, daß niemand aus dem Pensionat selbst in den Verdacht des Mordes kommt. An dieses ernste Fakt haben die Franzosen eine possierliche Kiminalkomödie angehängt, um deren Klärung sich Jean Marais als großer Junge von Inspektor – mit Erfolg, versteht sich – bemüht. (Gerhard Roger, Filmblätter, Nr. 27, 9.7. 1954). – Jeanne Moreau spielt das Serviermädchen Julie.

Julietta. Julietta. – Frankreich 1953. – Regie: Marc Allégret. – Buch: Françoise Giroud (nach dem gleichnamigen Roman von Louise de Vilmorin). – Kamera: Henri Alekan. – Schnitt: Suzanne Troye. – Musik: Guy Bernard. – Ausstattung: Jean d'Eaubonne. – Produktion: Indus Film / Panthéon-Production. – Produzenten: Pierre Braunberger, Claude Ganz. – Länge: 99 M. – Schwarzweiß. – Premiere Paris: 9.12.1953. – Deutsche Erstaufführung: 24.6.1954, Internationale Filmfestspiele Berlin, Film-Bühne Wien. – Deutscher Kinostart: 25.6. 1954. – Darsteller: Jean Marais, Dany Robin, Jeanne Moreau, Denise Grey. – Illustrierte Film-Bühne: Nr. 2374.

Sie und er in Turteltauben-Stimmung und eine Dritte überraschend in der Badewanne: Schon ist ein flinkfüßiges Versteckspiel im Gange. Die Dritte ist nämlich ein verträumt-spielerischer, minderjähriger Fratz und gewillt, dem Besitzer des efeuberankten alten Familienbesitzes seine mondäne Freundin (in die er vorläufig blind verknallt ist) zu vermiesen. Resultat: Die Mondäne wird hinausgeekelt, die kindhaft Frische hält happyendlichen Einzug. (...) Jean Marais, eingeklemmt zwischen dem Luxusbiest Jeanne Moreau und der frechen Grashüpferin Dany Robin, zielt dem Backfisch-Publikum aller Altersklassen markant ins Herz, und der ganze Spaß quirlt auf den leichtesten Lustspielsohlen daher, die es gibt: auf französischen. (Ponkie, Filmblätter, Nr. 26, 2.7.1954)

Touchez pas au Grisbi / Grisbi. Wenn es Nacht wird in Paris. – Frankreich / Italien 1953/54. – Regie: Jacques Becker. – Buch: Jacques Becker, Maurice Griffe, Albert Simonin (nach dem gleichnamigen Roman von Albert Simonin). – Kamera: Pierre Montazel. – Schnitt: Marguerite Renoir. – Musik: Jean Wiener. – Ausstattung: Jean d'Eaubonne. – Produktion: Del Duca Films, Paris / Antares Film, Rom. – Produzent: Robert Dorfman. – Länge: 94 M. – Schwarzweiß. – Premiere Paris: 17.3.1954. – Italienischer Kinostart: 29.9.1954. – Deutsche Erstaufführung: 23.12.1954, Berlin, KiKi. – Darsteller: Jean Gabin, René Dary, Paul Frankeur, Lino Ventura, Jeanne Moreau. – Illustrierte Film-Bühne: Nr. 2629.

Jean Gabin (...) ist in diesem Film ein Edelgangster, der nicht gerade in den seriösesten Nachtclubs verkehrt und auch mit Ohrfeigen und Boxhieben nicht zimperlich ist; aber hinterher hat er immer gleich wieder ausgesucht höfliche Manieren, ist zu den Damen (allerdings zu ziemlich vielen) so, wie sie es gern haben, und putzt sich sehr sorgfältig die Zähne, ehe er im reinseidenen Pyjama in sein mondänes Bett steigt. Er möchte überhaupt im Grunde endlich ein guter Bürger werden, aber seine verständnislosen Kumpane machen es ihm schwer und sehen nicht recht ein, daß er das »allerletzte« Einbrechergut – die Kleinigkeit von acht schweren Goldbarren – so gern behalten würde, um für sich und seinen Freund das »friedliche Leben« zu finanzieren. Diese Friedlichkeit läßt sich das Drehbuch großzügig ein knappes Dutzend Tote kosten. (K.Nf. [i.e. Karena Niehoff], Der Tagesspiegel, 24.12.1954). – Jeanne Moreau spielt die Cabaret-Tänzerin Josy.

Les Intrigantes. – Frankreich 1954. – Regie: Henri Decoin. – Buch: Jacques Robert, François Boyer, Henri Decoin (nach dem Roman »La Machination« von Jacques Robert). – Kamera: Michel Kelber. – Schnitt: Denise Reiss. – Musik: Georges Van Parys. – Ausstattung: René Renoux. – Produktion: Memnon Films. – Produzent: Henri Lavorel. – Länge: 96 M. – Schwarzweiß. – Premiere Paris: 7.4.1954. – Darsteller: Raymond Rouleau, Jeanne Moreau, Raymond Pellegrin, Etchika Choureau, Marcel André, Louis de Funès.

Jeanne Moreau spielt die Frau eines Theaterdirektors, die, wärend ihr Mann wegen Mordes hinter Gittern sitzt, ein Liebesverhältnis mit seinem Sekretär anfängt und die Leitung des Theaters an sich reißt.

Sécrets d'alcove / Il Letto. Dürfen Frauen so sein? – Frankreich / Italien 1953/54. – Regie: Henri Decoin (1. Episode: »Le Billet de logement«; Regie der drei anderen Episoden: Gianni Franciolini, Ralph Habib und Jean Delannoy). – Buch: Maurice Auberge, Henri Decoin. – Kamera: Christian Matras. – Schnitt: Denise Reiss. – Musik: Georges Van Parys. – Ausstattung: René Moulaert. – Produktion: Terra Film / Cormoran Film / Industrie Cinematografiche Sociali (ICS), Rom. – Produzent: Julien Rivière. – Länge: 86 M. – Schwarzweiß. – Premiere

Les Hommes en blanc: Jeanne Moreau

Paris: 21.5.1954. – Italienischer Kinostart: 9.12.1954. – Deutsche Erstaufführung: 30.7.1954, Berlin, KiKi. – Darsteller: Jeanne Moreau, Richard Todd (1. Episode). – Darsteller der anderen Episoden: Martine Carol, Françoise Périer, Bernard Blier, Françoise Arnoul, Marcel Mouloudji, Vittorio de Sica, Dawn Adams. – Illustrierte Film-Bühne: Nr. 2375.

Vier Regisseure haben sich des je nach dem Erzähler anders gefärbten Stoffes angenommen. Die Namen von Henri Decoin, Jean Delannoy, Gianni Franciolini und Ralph Habib ergeben eine stattliche Liste. Die erste Episode fällt ab. Das Thema schon ist unerfreulich und zum Lustspiel schlecht geeignet. Eine Frau bringt ein Kind zur Welt, und ein ihr unbekannter englischer Hauptmann muß Ammendienste leisten. Jeanne Moreau spielt ihre heikle Rolle schlicht und diskret, der englische Schauspieler aber hat Mühe, sich in die allzu künstlich geschaffene Situation einzuleben. (Undine, National-Zeitung, Basel, 1.3.1956)

La Reine Margot / La Regina Margot. Bartholomäusnacht. – Frankreich / Italien 1954. – Regie: Jean Dréville. – Buch: Abel Gance (nach dem gleichnamigen Roman von Alexandre Dumas). – Kamera: Henri Alekan. – Schnitt: Gabriel Rongier. – Musik: Paul Misraki. – Ausstattung: Henri Schmidt, Maurice Colasson. – Produktion: Films Vendôme, Paris / Lux Films, Rom. – Produzent: Amand Bécué. – Länge: 130 M. (Italienische Fassung: 93 M., Deutsche Fassung: 121 M.). – Eastmancolor. – Premiere Paris: 25.11.1954. – Italienischer Kinostart: 29.12.1954. – Deutsche Erstaufführung: 27.9.1955, Hamburg, Urania-Filmbühne. – Darsteller: Jeanne Moreau, Françoise Rosay, Armando Francioli, Henri Genès, Robert Porte, Louis de Funès. – Illustrierte Film-Bühne: Nr. 2913.

Historienfilm (…) vor dem blutrünstigen Panorama der Pariser Bluthochzeit, der Ermordung von 2000 Hugenotten auf Geheiß der Königinmutter Katharina von Medici. Françoise Rosay hat sie als eine Art Teufelsweib zu geben, während Jeanne Moreau als ihre Tochter Margarethe auf Zurschaustellung einer reinen Seele und eines blütenreinen, begehrten Körpers verwiesen ist. (Ka., Telegraf, Berlin, 12.4.1956)

M'sieur la Caille. Das schwarze Gesicht von Paris. – Frankreich 1955. – Regie: André Pergament. – Buch: Frédéric Dard, André Pergament (nach dem Roman »Jésus La Caille« von Francis Carco). – Kamera: Michel Rocca. – Schnitt: Franchette Mazin. – Musik: Joseph Kosma, Francis Carco. – Ausstattung: Claude Bouxin. – Produktion: S.P.L.C.-Paris-Nice-Productions / S.O.P.A.D.E.C. – Produzent: Pierre Audouy. – Länge: 82 M. – Schwarzweiß, Cinépanoramic (Scope). – Uraufführung: 10.8.1955, Nizza. – Premiere Paris: 9.9.1955. – Deutsche Erstaufführung: 27.1.1956, in vielen Städten der BR Deutschland. – Darsteller: Philippe Lemaire, Jeanne Moreau, Roger Pierre, Robert Dalban. – Illustrierte Film-Bühne: Nr. 3037.

Dieser französische Film aus der sittlich gelockerten Welt des nächtlichen Montmartre bietet verschiedene Attraktionen. Zunächst haben wir da eine Reihe hübscher, leichtsinniger Mädchen. (…) Am deutlichsten wird in der Gestalt der Jeanne Moreau (…) erotische Unersättlichkeit dargestellt. Sie ist bald eine harte, resolute Person, welche die grobschlächtigsten Männer unter Druck hält, bald eine müde, abgelebte und liebeshungrige Frau und bald wieder ein enttäuschtes kleines Mädchen, das nach einem flüchtigen Stückchen Glück hascht und von einer bürgerlichen Liebesromanze auf dem Lande träumt. (Undine, National-Zeitung, Basel, 8.6.1956)

Les Hommes en blanc. Ein ganzes Leben (Titel DDR: Männer in Weiß). – Frankreich 1954/55. – Regie: Ralph Habib. – Buch: Maurice Aubergé (nach dem gleichnamigen Roman von André Soubiran). – Kamera: Pierre Petit. – Schnitt: Françoise Javet. – Musik: Marcel Stern. – Ausstattung: Robert Clavel. – Produktion: Transcontinental. – Produzenten: C. Geftman, Jean Erard. – Länge: 110 M. (Deutsche Fassung: 108 M.). – Schwarzweiß. – Premiere Paris: 14.9.1955. – Deutsche Erstaufführung: 1.11.1955, München, Roxy; Duisburg-Hamborn, Modernes Theater. – Kinostart DDR: 5.7.1957. – Darsteller: Raymond Pellegrin, Jeanne Moreau, Jean Chevrier, Fernand Ledoux, Jean Debucourt, Charles Denner. – Illustrierte Film-Bühne: Nr. 3014.

Die Zentralfigur ist ein junger Arzt, der erst nach einem Weg voller Widersprüche und Irrungen erkennt, an welchen Platz er gehört. Raymond Pellegrin spielt diesen von seinen ärztlichen Aufgaben Besessenen überzeugend mit der notwendigen Mischung von innerer Sensibilität und äußerer Härte. Jeanne Moreau ist eine junge Medizinstudentin, die entscheidend zu der Läuterung des Arztes beiträgt. (Anonym, Stuttgarter Zeitung, 15.9.1956)

Gas-Oil. Gas-Oil. – Frankreich 1955. – Regie: Gilles Grangier. – Buch: Michel Audiard (nach dem Roman »Du Raisin dans le gas-oil« von Georges Bayle). – Kamera: Pierre Montazel. – Schnitt: Jacqueline Thiedot, Marie-Louise Barberot. – Musik: Henri Crola. – Ausstattung: Jacques Colombier. – Produktion: Intermondia / Victory. – Produzenten: Jacques Gibault, Jean-Paul Guibert. – Länge: 89 M. (Deutsche Fassung: 86 M.). – Schwarzweiß. – Premiere Paris: 9.11.1955. – Deutsche Erstaufführung: 27.4.1956, Berlin, Astor. – Kinostart DDR: 6.8.1957. – Darsteller: Jean Gabin, Jeanne Moreau, Camille Guérinei, Ginette Leclerc, Albert Dinan, Marcel Bozzuffi, Roger Hanin. – Illustrierte Filmbühne: Nr. 3219.

Die arbeitsame Gemütlichkeit eines kleinen Transportunternehmens in einem französischen Provinzstädtchen wird durch ein folgenschweres Abenteuer des Lastwagenbosses unterbrochen. Er überfährt in einer unsichtigen Nacht einen Mann und muß glauben, ihn getötet zu haben. (…) Der Overall des Fernlastfahrers sitzt Jean Gabin wie angegossen. Mit bärenhafter Gelassenheit teilt er sein Dasein zwischen den Landstraßen und der reizend gescheiten Dorfschullehrerin Jeanne Moreaus. (Edith Haman, Filmblätter, Nr. 18, 4.5.1956)

TRIPTYQUE POUR UNE SOIRÉE DE NOËL. – Frankreich 1955. – Regie: Jean-Marie Drot. – Erzählerin/Sprecherin: Jeanne Moreau. – Kurzfilm.

LE SALAIRE DU PÉCHÉ. Hinter verschlossenen Türen. – Frankreich 1956. – Regie: Denys de la Patellière. – Buch: Denys de la Patellière, Roland Laudenbach (nach dem Roman »Emily Will Know« von Nancy Rutledge). – Kamera: Henri Alekan. – Schnitt: Robert Isnardon. – Musik: Maurice le Roux. – Ausstattung: Paul-Louis Boutié. – Produktion: S.F.C. / Les Films Roger Richebé. – Produzent: Roger de Broin. – Länge: 110 M. (Deutsche Fassung: 90 M.). – Schwarzweiß. – Uraufführung: 23.6. 1956, Internationale Filmfestspiele Berlin, Gloria-Palast. – Premiere Paris: 26.12.1956. – Deutscher Kinostart: 1.11.1957. – Darsteller: Danielle Darrieux, Jean-Claude Pascal, Jeanne Moreau, Jean Debocourt, Michel Etcheverry. – Illustrierte Film-Bühne: Nr. 3908. – Bei den Berliner Filmfestspielen lief der Film unter dem Titel »Die Macht des Geldes«.

Schon bei den ersten Bildern ist die unheilverkündende Atmosphäre dieses Familiendramas, das unter einflußreichen Bürgern der französischen Hafenstadt La Rochelle spielt und ungeschminkt die Abgründe der menschlichen Seele bloßlegt, fast körperlich spürbar und fesselt den Zuschauer sofort. Seine Hauptfigur ist ein skrupelloser Journalist, der vor nichts zurückschreckt, um neue Quellen für seine chronischen Spielschulden zu erschließen und der im Hinblick auf die zu erwartende Erbschaft seinem herzkranken Schwiegervater so herzlos zusetzt, daß der alte Mann den Schock nicht überlebt. Eine zufällige Zeugin, die Pflegerin des Kranken, macht er zu seiner Geliebten (...). Frauenwürde, verkörpert durch Danielle Darrieux als vertrauensselige blinde Dulderin und ihre ebenso sympathisch gezeichnete resolute Gegenspielerin Jeanne Moreau, behauptet sich hier gegen den gewissenlosen Zynismus Jean-Claude Pascals. (Ernst Bohlius, Film-Echo, Nr. 86, 26.10.1957)

JUSQU'AU DERNIER. Hyänen unter sich. – Frankreich 1956/ 57. – Regie: Pierre Billion. – Buch: Pierre Billion, André Duquesne, Michel Audiard (nach dem gleichnamigen Roman von André Duquesne). – Kamera: Pierre Petit. – Schnitt: Georges Arnstam. – Musik: Georges Van Parys. – Ausstattung: Jean d'Eaubonne. – Produktion: Les Films Marceau. – Produzent: André Reffet. – Länge: 90 M. – Schwarzweiß. – Premiere Paris: 20.3.1957. – Deutsche Erstaufführung: 3.10.1958, Berlin, Bonbonniere, und in vielen Städten der BR Deutschland. – Darsteller: Raymond Pellegrin, Jeanne Moreau, Paul Meurisse, Howard Vernon. – Illustrierte Film-Bühne: Nr. 4017.

Vor den Kulissen eines kleinen Wanderzirkus inszeniert Pierre Billion ein Zeckspiel zwischen Gangstern, Zigeunern

und Gendarmen von anhaltender Aufregung. Der Gejagte ist Raymond Pellegrin: Für einen Gepäckschein auf einen Koffer mit vierzehn Millionen Francs riskiert er sein Leben, was selbst vor der völligen Abwertung dieses Zahlungsmittels nicht ganz plausibel erscheint. Als Ausgleich für die billige Valuta darf ihm denn auch Jeanne Moreau die letzten Tage verzuckern. (es, Der Kurier, Berlin, 8.1.1959)

LES LOUVES. Einer starb zu früh. – Frankreich 1957. – Regie: Luis Saslavsky. – Buch: Pierre Boileau, Thomas Narcejac, Luis Saslavsky (nach dem gleichnamigen Roman von Pierre Boileau und Thomas Narcejac). – Kamera: Robert Juillard. – Schnitt: Merinette Cedix. – Musik: Joseph Kosma. – Ausstattung: Robert Bouladoux. – Produktion: Zodiaque Productions, Paris. – Produzent: Fernand Rivers. – Länge: 110 M. – Schwarzweiß. – Premiere Paris: 26.4.1957. – Deutsche Erstaufführung: 15.11.1957, Köln, Schauburg. – Darsteller: François Périer, Micheline Presle, Jeanne Moreau, Madeleine Robinson, Pierre Mondy. – Illustrierte Film-Bühne: Nr. 3933.

In der Rolle eines toten Mannes fühlt ein entflohener Gefangener die Schwierigkeiten seines Lebens wachsen, zumal er mit dem Namen des anderen auch die unterschiedlichen Erwartungen und Ansprüche dreier Frauen übernehmen mußte. Als zwei auf der Strecke bleiben und sich alles in glattere Bahnen zu verlaufen scheint, fängt er sich in der Schlinge einer raffinierten Intrige. Regisseur Saslavsky spitzt den Film auf eine sinnliche Atmosphäre zu, auf erotisch-aufreizende Situationen, manchmal sogar etwas übertrieben. (Hilde Bold, Filmblätter, Nr. 5, 31.4.1958). – Jeanne Moreau spielt Agnès, die sich, nach unerfüllter Liebe zur Hauptfigur, das Leben nimmt.

TROIS JOURS À VIVRE. Du hast noch drei Tage. – Frankreich 1957. – Regie: Gilles Grangier. – Buch: Guy Bertret, Gilles Grangier, Michel Audiard (nach dem gleichnamigen Roman von Peter Vanett). – Kamera: Armand Thirard. – Schnitt: Jacqueline Douarinou. – Musik: Joseph Kosma. – Ausstattung: Roger Briaucourt. – Produktion: International Motion Pictures. – Produzent: Bobick Gauthier, André Deroual. – Länge: 85 M. – Schwarzweiß. – Uraufführung: 14.5.1957, Internationale Filmfestspiele Cannes. – Premiere Paris: 12.3.1958. – Deutsche Erstaufführung: 11.10.1965, ZDF. – Darsteller: Daniel Gélin, Jeanne Moreau, Lino Ventura, Roland Armontel, Aimé Clariond.

Schwacher Kriminalfilm mit großer Besetzung: Ein eitler Provinzschauspieler wird von einem Gangster verfolgt, den er mit einer falschen Zeugenaussage ins Zuchthaus gebracht hat. Die geliebte Kollegin weiß den Rachemord zu verhindern. (Lexikon des internationalen Films, Reinbek: Rowohlt 1995). – Jeanne Moreau ist die Schauspielerkollegin Jeanne Fortin, die dem karrieresüchtigen Protagonisten ihre Zuneigung schenkt und ihm das Leben rettet.

L'Etrange Monsieur Stève. Auf schiefer Bahn. – Frankreich
1957. – Regie: Raymond Bailly. – Buch: Marcel G. Prêtre,
Frédéric Dard, Raymond Bailly (nach dem Roman »La Revan-
che des médiocres« von Marcel G. Prêtre). – Kamera: Jacques
Lemare. – Schnitt: Louis Davaivre. – Musik: Philippe Gérard. –
Ausstattung: Daniel Guéret. – Produktion: Pécé Films / Jean-
nic. – Produzenten: Pierre Chicherio, Paul Pastier. – Länge: 90
M. – Schwarzweiß. – Premiere Paris: 26.6.1957. – Deutsche
Erstaufführung: 25.10.1957, Dortmund, Union. – Darsteller:
Jeanne Moreau, Philippe Lemaire, Armand Mestral, Lino Ven-
tura, Anouk Ferjac, Paulette Simonin. – Illustrierte Film-Bühne:
Nr. 3997.

Gangster unter sich in einem französischen Reißer in Klein-
format. Mit der detaillierten Darstellung diverser nahezu per-
fekter Verbrechen – Wettbetrügern beispielsweise wird ein
glänzender Tip geliefert – treibt dieser Film schon einigen Auf-
wand. Da aber die Regie (Raymond Bailly) weder Furcht vor
dem öligen Boß noch Mitleid mit dem kleinen Ex-Bürger zu er-
regen vermag, läßt dieses Drama um den sittlichen Ruin durch
Erpressung und Hörigkeit vollkommen kalt – so kalt wie die er-
klügelten Spannungseffekte, so kalt wie die schöne Salon-
schlange Jeanne Moreau. (jv, Süddeutsche Zeitung, 12.12.
1957)

Echec au porteur. Polizeiaktion Dynamit (Titel DDR: Es
geschieht Punkt 10 ...). – Frankreich 1957/58. – Regie: Gilles
Grangier. – Buch: Pierre Véry, Noël Calef, Gilles Grangier (nach
dem gleichnamigen Roman von Noël Calef). – Kamera: Jacques
Lemare. – Schnitt: Jacqueline Douarinou. – Musik: Jean Ya-
tove. – Ausstattung: Robert Gys. – Produktion: Orex Films /
Corona. – Produzent: Lucien Viard. – Länge: 86 M. (Deutsche
Fassung: 75 M.). – Schwarzweiß. – Premiere Paris: 15.1.1958.
– Deutsche Erstaufführung: 28.11.1958, Berlin (DDR); zugleich Kinostart in der DDR. – Kinostart BR Deutschland: 13.3.
1959. – Darsteller: Paul Meurisse, Jeanne Moreau, Serge Reggiani, Gert Fröbe, Simone Renant, Reggie Nalder. – Illustrierte
Film-Bühne: Nr. 4721.

Paul Meurisse, ein bekannter Pariser Schauspieler, und
Jeanne Moreau machen nebst anderen die Handlung span-
nend, deren unheimlichster Gegenstand ein Fußball ist, der
eine Zeitbombe im Bauch hat. (W. Schr., Hamburger Morgen-
post, 25.4.1959)

Ascenseur pour l'échafaud. Fahrstuhl zum Schafott. –
Frankreich 1957/58. – Regie: Louis Malle. – Buch: Roger
Nimier, Louis Malle (nach dem Roman von Noël Calef). –
Kamera: Henri Decaë. – Schnitt: Léonide Azar. – Musik: Miles
Davis. – Ausstattung: Rino Mondellini, Jean Mandaroux. – Pro-
duktion: Nouvelle Edition de Films, Paris. – Produzent: Jean
Thuillier. – Länge: 92 M. (Deutsche Fassung: 90 M.). –
Schwarzweiß. – Premiere Paris: 29.1.1958. – Deutsche Erst-
aufführung: 29.8.1958, in vielen Kinos der BR Deutschland. –

Darsteller: Maurice Ronet, Jeanne Moreau, Georges Poujouly,
Lino Ventura, Charles Denner, Jean-Claude Brialy. – Illustrierte
Film-Bühne: Nr. 4417.

Der Film erscheint zunächst nur als die brilliante Arbeit eines jungen Regisseurs, der weiß, daß man sich »schwarz« und
extravagant geben muß, wenn man im Jahr 1958 Aufsehen er-
regen will. So sucht er die Originalität um jeden Preis, zugleich
in der Schonungslosigkeit, im Schock und in der Satire. Was dabei herauskommt, ist eine geschickte und intelligent kalkulierte
Mischung aus ganz origineller Spannung, Justizirrtum (...) und
einer streckenweise treffenden Sittenschilderung. Gestaltet
wird diese recht bunte Mischung souverän in einem Stil, der
frisch, sicher und originell ist, wenn er auch verschiedene Vorbilder nicht verleugnet. (Marcel Martin, Filmkritik, Nr. 9,
1958). – Das Gesicht von Jeanne Moreau erzählt die ganze Geschichte als Dialog mit einem abwesenden Geliebten. Ihr Gang
auf den regennassen Straßen, ihre Haltung in den neongrellen
Cafés, ihre tragisch geschwungenen Züge im Licht der fernen
Schaufensterauslagen, das wirkt wie die Idee einer Frau, zu-
sammengesetzt aus Linien, Formen und Bewegungen, die
traumverloren ihren Platz in dieser Tragödie suchen. (Michael
Althen, Die Zeit, 8.9.1989)

Le Dos au mur. Mit dem Rücken zur Wand. – Frankreich
1957/58. – Regie: Edouard Molinaro. – Buch: Frédéric Dard,
Jean-Louis Roncoroni, Jean Redon (nach dem Roman »Déli-
vrez-nous du mal« von Frédéric Dard). – Kamera: Robert Lefèbvre. – Schnitt: Robert Isnardon. – Musik: Michel Cornu. – Ausstattung: Georges Levy. – Produktion: Cinéphonic / S.N.E.
Gaumont. – Produzenten: Françoise Chavane, Alain Poiré. –
Länge: 93 M. (Deutsche Fassung: 87 M.). – Schwarzweiß. –
Premiere Paris: 7.3.1958. – Deutsche Erstaufführung: 30.1.
1959, Hannover, Hochhaus. – Darsteller: Gérard Oury, Jeanne
Moreau, Philippe Nicaud, Claire Maurier, Jean Lefèbvre. – Illustrierte Film-Bühne: Nr. 4587.

Eigentlich kein Kriminalfilm, sondern die Demonstration
krimineller Eigenart bei einem betrogenen Ehemann. Durch
fingierte Erpressungen und durch die perfide Behauptung, der
Geliebte seiner Frau sei zu ihr nur aus materiellen Gründen
zärtlich gewesen, bringt er das Liebespaar in schiere Verzweiflung. Und da die untreue Gattin von der kühl-fanatischen
Jeanne Moreau gespielt wird, wundert man sich nicht, wenn
sie kurzerhand den vermeintlich falschen Galan niederschießt.
(Ha, Der Tagesspiegel, 3.6.1959)

Les Amants. Die Liebenden. – Frankreich 1958. – Regie:
Louis Malle. – Buch: Louis Malle, Louise de Vilmorin (nach
dem Roman »Point de lendemain« von Dominique Vivant und
Baron de Denon). – Kamera: Henri Decaë. – Schnitt: Léonide
Azar. – Musik: Johannes Brahms, Alain de Rosnay. – Ausstat-
tung: Bernard Evein, Jacques Saulnier. – Produktion: Nouvelle
Edition de Films, Paris. – Produzent: Louis Malle. – Länge: 93

Ascenseur pour l'échafaud: Jeanne Moreau

M. (Deutsche Fassung: 86 M.). – Schwarzweiß, Dyaliscope. –
Uraufführung: 6.9.1958, Internationale Filmfestspiele Venedig.
– Premiere Paris: 5.11.1958. – Deutsche Erstaufführung: 13.3.
1959, Berlin, Cinema Paris, und in vielen Städten der BR
Deutschland. – Darsteller: Jeanne Moreau, Alain Cuny, Jean-
Marc Bory, Judith Magre, José-Luis Villalonga, Gaston Modot. –
Illustrierte Film-Bühne: Nr. 4717.

Alles ist optisch wie in Watte gepackt: eine junge Frau hat
ihren müden, selbstbezogenen Mann. Sie gehört einer wohlha-
bend faden Gesellschaftsschicht an. (…) Die Spielregeln einer
gesellschaftlich sanktionierten Unmoral werden mit elegantem
Abscheu angedeutet. Diese Welt ist falsch, weil sie lügt. Aber
nun trifft diese Frau durch Zufall auf einen jungen Menschen,
den sie in das gepflegte leere Haus bringt. (…) Plötzlich reißt
eine Wand der Konventionen ein. Sie bricht eine oft gebro-
chene Ehe ganz. (…) Es gibt vor allem das Spiel der großartigen
Jeanne Moreau. Sie hat, auch wenn ihr Heikelstes aufgetragen
wird, eine heimliche, keusche Intensität des Herzens, die noch
das Schwierigste vertretbar, das Heimlichste zeigbar macht. Sie
leistet ein Stück erfüllter Schauspielerei, dessen man gedenken
wird. (Friedrich Luft, Die Welt, 16.3.1959)

Les Quatre cents coups. Sie küßten und sie schlugen ihn. –
Frankreich 1958/59. – Regie: François Truffaut. – Buch:
François Truffaut, Marcel Moussy. – Kamera: Henri Decaë. –
Schnitt: Marie-Josèphe Yoyotte. – Musik: Jean Constantin. –
Ausstattung: Bernard Evein. – Produktion: Les Films du Car-
rosse, Paris / S.E.D.I.F., Paris. – Produzent: Georges Charlot. –
Länge: 93 M. – Schwarzweiß, Dyaliscope. – Uraufführung:
28.4.1959, Internationale Filmfestspiele Cannes. – Premiere
Paris: 3.6.1959. – Deutsche Erstaufführung: 20.10.1959, Ber-
lin, Studio. – Kinostart DDR: 28.11.1969. – Darsteller: Jean-
Pierre Léaud, Claire Maurier, Guy Decomble, Albert Rémy,
Jeanne Moreau, Jean-Claude Brialy, Jacques Demy, François
Truffaut. – Illustrierte Film-Bühne: Nr. 5021.

Ein Bub von ausgeprägter Eigenart, nicht schlechter, eher
intelligenter als andere, scheitert an der Sturheit seiner Um-
welt, die keine Zeit für ihn hat (…). Ein kleiner, aber wichtiger
Ausschnitt Wirklichkeit ist hier in Bilder gefaßt, die kühn und
neu und faszinierend sind. Es fehlt ihnen alles Künstliche, jedes
Arrangement; das Thema heischte denn auch die Form einer lo-
sen Episodenfolge. Man tut einen Blick in unverstelltes Leben.
Solche Nähe bringt nur ein Betroffener zuwege (…). (Hans-
Dieter Roos, Süddeutsche Zeitung, 11.7.1959). – Jeanne
Moreau ist in einem kurzem Cameo-Auftritt zu sehen: Als
Dame im weißen Mantel, die ihren Hund sucht. Jean-Pierre
Léaud, der ihr dabei helfen will, wird durch Jean-Claude Brialy
verdrängt. Nicht ganz uneigennützig, macht dieser sich zusam-
men mit Jeanne Moreau auf die Suche nach dem Hund und
beide verlassen den Film so schnell und überraschend, wie sie
auch in ihm auftauchten.

Les Liaisons dangereuses 1960 / Relazioni pericolose.
Gefährliche Liebschaften. – Frankreich / Italien 1959. – Regie:
Roger Vadim. – Buch: Roger Vadim, Roger Vailland, Claude
Brulé (nach dem gleichnamigen Roman von Pierre Choderlos
de Laclos). – Kamera: Marcel Grignon. – Schnitt: Victoria Spiri
Mercanton. – Musik: Thelonius Monk, Orchester Barney Wi-
len, Art Blakey's Jazz Messengers. – Ausstattung: Robert Guis-
gand. – Produktion: Les Films Marceau / Cocinor / Laetitia
Films. – Produzenten: Leopold Schlosberg, Edmond Tenoudji.
– Länge: 108 M. (Deutsche Fassung: 102 M.). – Schwarzweiß.
– Premiere Paris: 9.9.1959. – Italienischer Kinostart: Dezember 1962. – Deutsche Erstaufführung: 13.10.1961, Düsseldorf,
Universum. – Darsteller: Jeanne Moreau, Gérard Philipe, Annette Vadim, Simone Renant, Jeanne Valérie, Jean-Louis Trintignant, Boris Vian. – Illustrierte Film-Bühne: Nr. 5829.

Nur eins wird man in Erinnerung behalten: Gesicht und
Spiel der Jeanne Moreau, die bereits zu Beginn über die Regie
hinauswächst. Wenn Heinrich Mann über die Madame de Mer-
teuil des Romans schreibt: »Erst sie bezeichnet wahrhaftig in
der Menschheit die Stelle, wohin nichts Menschliches mehr
dringt«, dann wird die Moreau mit ihrem Part diesem Satz ge-
recht und läßt ahnen, was aus diesem Film hätte werden können, wenn es nicht Roger Vadims Film wäre. (rpk [i.e. Manfred
Ripkens], Die Zeit, 20.10.1961)

Jovanka e le altre / Five Branded Women. Jovanka und die
anderen. – Italien / USA 1959/60. – Regie: Martin Ritt. – Co-
Regie: Guido Guerrasio. – Buch: Ivo Perilli, Martin Ritt (nach
einer Novelle von Ugo Pirro). – Kamera: Giuseppe Rotunno. –
Schnitt: Renzo Lucidi. – Musik: Angelo Francesco Lavagnino. –
Ausstattung: Mario Chiari. – Produktion: Dino de Laurentiis Cinematografica S.p.A. / Paramount. – Produzenten: Dino de
Laurentiis, Romano Dandi. – Länge: 115 M. (Deutsche Fassung: 101 M.). – Farbe, Scope. – Uraufführung: 15.3.1960,
Mailand, Odeon. – Deutsche Erstaufführung: 16.9.1960, in
vielen Städten der BR Deutschland. – Darsteller: Silvana Mangano, Vera Miles, Jeanne Moreau, Barbara Bel Geddes, Van Hef-
lin. – Illustrierte Film-Bühne: Nr. 5418.

Der Film will die Sinnlosigkeit des Krieges aufweisen, bewirkt aber eher das Gegenteil, da bei der Darstellung das wild-
romantische Bergleben der fünf Mädchen im Mittelpunkt
steht, die sich im Laufe des Geschehens mehr und mehr zu per-
fekten Soldaten an der Seite der Partisanen entwickeln. Lediglich in den Episoden zwischen Ljuba und dem deutschen
Hauptmann und bei der Verurteilung und Erschießung des Lie-
bespaares wird die seelische Belastung der Mädchen glaubwürdig sichtbar, was aber nur zu beweisen vermag, daß Mädchen
und Frauen für das »Kriegshandwerk« nicht taugen. (A.H.,
Film-Dienst, Nr. 40, 29.9.1960). – Jeanne Moreau spielt Ljuba,
eine jugoslawische Partisanenkämpferin, die sich in einen deutschen Gefangenen verliebt.

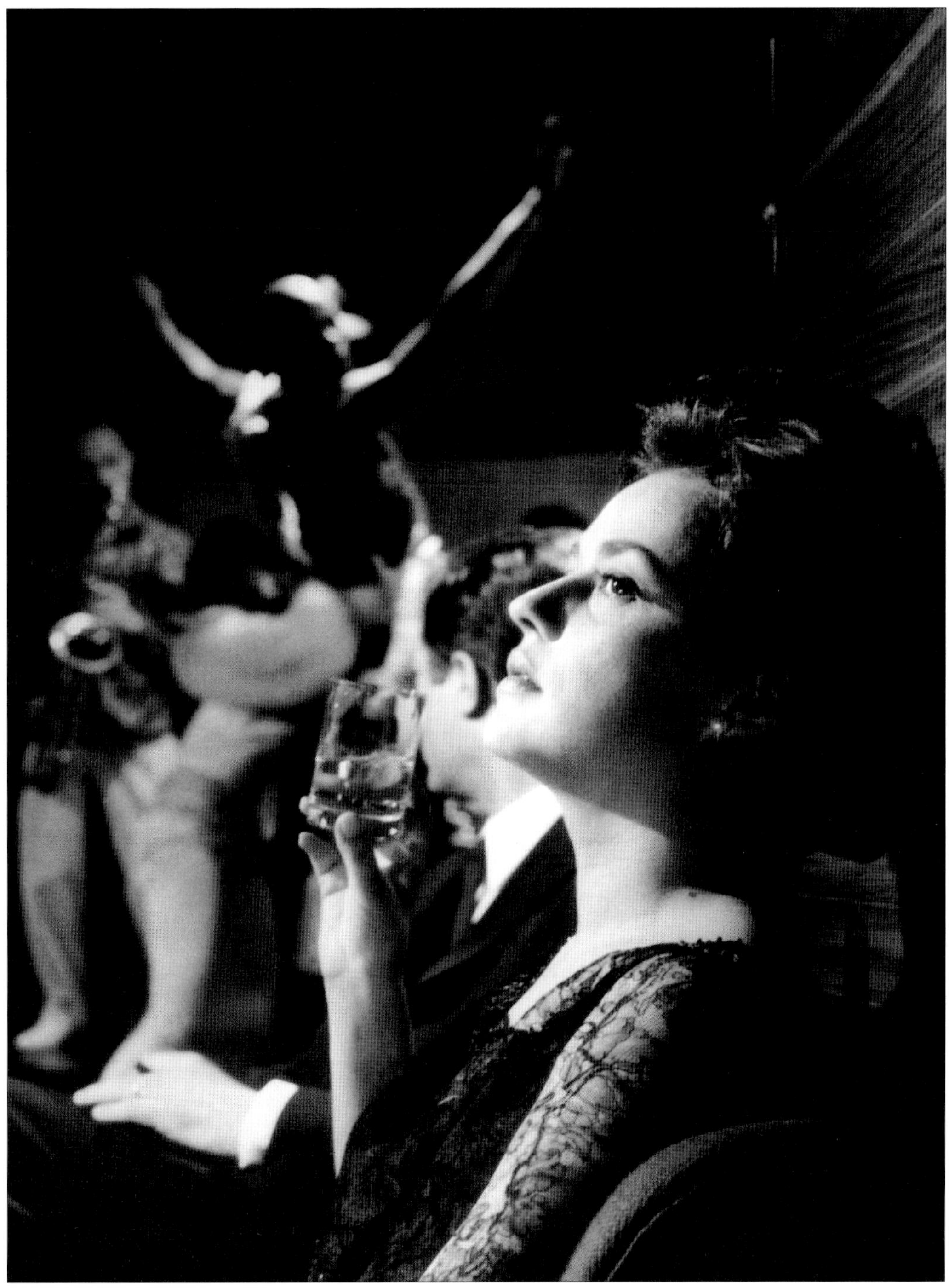

La Notte: Jeanne Moreau

LE DIALOGUE DES CARMÉLITES / I DIALOGHI DELLE CARMELI-
TANE. Opfergang einer Nonne. – Frankreich / Italien 1959/60.
– Regie: René-Leopold Bruckberger, Philippe Agostini. – Buch:
René-Leopold Bruckberger, Philippe Agostini (nach der Novelle
»Die Letzte am Schafott« von Gertrud von Le Fort und deren
Bearbeitung durch Georges Bernanos). – Kamera: André Bac. –
Schnitt: Gilbert Natot. – Musik: Jean Français. – Ausstattung:
Maurice Colasson. – Produktion: Champs Elysées Productions,
Paris / Titanus, Rom. – Produzent: Pierre Laurent. – Länge:
112 M. (Deutsche Fassung: 106 M.). – Schwarzweiß, Dyali-
scope. – Italienischer Kinostart: 1.6.1960. – Premiere Paris:
10.6.1960. – Deutsche Erstaufführung: 22.7.1960, München,
Luitpold. – Darsteller: Madeleine Renaud, Pierre Brasseur,
Jeanne Moreau, Alida Valli, Jean-Louis Barrault, Albert Rémy. –
Illustrierte Film-Bühne: Nr. 5326.

Gegenüber der Novelle Gertrud von Le Forts, die auch für
Nichtkatholiken einen starken Reiz besitzt, wirkt der Film
überaus vergröbernd. In der Novelle spielt sich die Hauptaus-
einandersetzung zwischen zwei Nonnen des Karmeliterklo-
sters von Compiègne ab (…). Beide verkörpern verschiedene
Möglichkeiten des Glaubens, die sich unter dem Ansturm hi-
storischer Ereignisse (…) zu bewähren haben. (…) Der Film
nun läßt diese Thematik, deren filmische Transponierung höchste Subtilität erfordert hätte, am Rande liegen, um dafür den
Konflikt zwischen Kirche und französischer Revolution in den
Mittelpunkt zu rücken; dafür wird die Revolution (…)
schlechtweg mit Blutwurst und Barbarei identifiziert. (…) So
sind es vor allem die Leistungen der Darstellerinnen – Jeanne
Moreau, Madeleine Renaud –, die den Film davor bewahren,
ganz in Mittelmäßigkeit zu verfallen. (U.G. [i.e. Ulrich Gregor],
Filmkritik, Nr. 7, 1960)

MODERATO CANTABILE. Stunden voller Zärtlichkeit. – Frank-
reich / Italien 1960. – Regie: Peter Brook. – Buch: Marguerite
Duras, Gérard Jarlot, Peter Brook (nach dem gleichnamigen Roman von Marguerite Duras). – Kamera: Armand Thirard. –
Schnitt: Albert Jurgenson. – Musik: Anton Diabelli. – Ausstat-
tung: Jean André. – Produktion: Iéna Films, Paris / Productions
Jacques Companéez, Paris / Documento Film, Rom. – Produ-
zent: Raoul J. Levy. – Länge: 92 M. (Italienische Fassung: 95
M.; Deutsche Fassung: 94 M.). – Schwarzweiß, CinemaScope.
– Uraufführung: 19.5.1960, Internationale Filmfestspiele Can-
nes. – Premiere Paris: 25.5.1960. – Italienischer Kinostart:
28.9.1960. – Deutsche Erstaufführung: 9.9.1960, in vielen
Städten der BR Deutschland. – Darsteller: Jeanne Moreau,
Jean-Paul Belmondo, Didier Haudepin, Valéric Dobuzinsky,
Pascale de Boysson. – Illustrierte Film-Bühne: Nr. 5426.

Peter Brook, ein renommierter englischer Bühnenregisseur,
hat diese psychologische Absonderlichkeit in faszinierende
Symbole der Lebensleere und Entfremdung gefaßt. Der ganze
Film badet förmlich in der Poesie seiner Bildkunst. Das bewahrt
die Geschichte (…) vor jedem Realismus, der sie als eine hand-

feste und kontrollierbare »Mitteilung« erscheinen lassen
könnte. Man durchdenkt nicht so sehr ihre Logik, man genießt
die außerordentliche Stimmungsmalerei der Kamera, (…) die
tatsächlich einzigartige Ausdrucksfülle der Moreau, die hierfür
bei den diesjährigen Festspielen in Cannes mit einem Preis be-
dacht wurde. (Anonym, Film-Dienst, Nr. 39, 22.9.1960)

MATISSE OU LE TALENT DU BONHEUR. – Frankreich 1960. –
Regie und Buch: Marcel Ophuls. – Text: Max-Pol Fouchet. –
Kamera: Andreas Windig. – Musik: Joseph Kosma. – Produk-
tion: Franco-London Films. – Produzent: Henri Deutschmei-
ster. – Länge: 20 M. – Darsteller: Claude Dauphin. – Spreche-
rin: Jeanne Moreau. – Kurzfilm über den Maler Henri Matisse.
Es existiert auch eine 50-Minuten-Fassung des Films, in der
Max-Pol Fouchet den Kommentar spricht.

LA NOTTE / LA NUIT. Die Nacht. – Italien / Frankreich
1960/61. – Regie: Michelangelo Antonioni. – Buch: Michelangelo Antonioni, Ennio Flaiano, Tonino Guerra. – Kamera:
Gianni di Venanzo. – Schnitt: Eraldo da Roma. – Musik: Giorgio Gaslini. – Ausstattung: Piero Zuffi. – Produktion: Nepi Film,
Rom / Silver Film, Paris / Sofitedip, Paris. – Produzent: Emmanuel Cassuto. – Länge: 121 M. – Schwarzweiß. – Uraufführung: 24.1.1961, Mailand und Paris. – Deutsche Erstaufführung:
2.7.1961, Internationale Filmfestspiele Berlin, Zoo-Palast. – Deutscher Kinostart: 4.10.1961. – Darsteller: Jeanne
Moreau, Marcello Mastroianni, Monica Vitti, Bernhard Wicki.
– Illustrierte Film-Bühne: Nr. 5884.

So faszinierend die Fotografie in ihren Differenzierungen
kühler Grautöne ist, hat (der Film) bei aller optischer Perfektion
doch eine vornehmlich literarische Prägung, dem modernen
psychologischen Roman seit Joyce, Musil und Broch verwandt.
(…) Wie die Menschen Brochs sind auch die Antonionis »Hin-
eingestoßen in das Grauen einer entfesselten Vernunft«, un-
fähig zu einer gefühlsmäßigen Bindung, aber gleichsam von der
Platzangst inmitten der sie umgebenden, sie einschnürenden
Einsamkeit befallen. (USE. [i.e. Ulrich Seelmann-Eggebert],
Film-Dienst, Nr. 28, 5.7.1961). – Das Ganze könnte von ent-
setzlicher Langeweile sein, wenn es nicht durch die großartige,
die leichten Zuckungen der Verzweiflung analytisch herausar-
beitende Regie und durch die herrliche Jeanne Moreau zu einer
Offenbarung menschlicher Verlorenheit würde. Der Film fließt
nahtlos dahin und ist doch gleichzeitig ein Akt der Vivisektion
eines Ehepaares, wie man ihn in solchem Detail kaum je erlebt
hat. (Manfred George, Aufbau, 9.3.1962)

UNE FEMME EST UNE FEMME / LA DONNA È DONNA. Eine Frau
ist eine Frau. – Frankreich / Italien 1960/61. – Regie: Jean-Luc
Godard. – Buch: Jean-Luc Godard (nach einer Idee von Gene-
viève Cluny). – Kamera: Raoul Coutard. – Schnitt: Agnès Guil-
lemot, Lila Herman. – Musik: Michel Legrand. – Ausstattung:
Bernard Evein. – Produktion: Rome-Paris-Films, Paris /

Unidex, Paris / Euro International, Rom. – Produzent: Georges de Beauregard, Carlo Ponti. – Länge: 80 M. – Eastmancolor, Franscope. – Uraufführung: 1.7.1961, Internationale Filmfestspiele Berlin, Zoo-Palast. – Premiere Paris: 6.9.1961. – Italienischer Kinostart: 10.10.1961. – Deutscher Kinostart: 15.9. 1961. – Darsteller: Anna Karina, Jean-Claude Brialy, Jean-Paul Belmondo, Catherine Demongeot, Jeanne Moreau (Gastauftritt). – Illustrierte Film-Bühne: Nr. 5854.

Anscheinend ist Godards letztes Erzeugnis als eine Parodie des herkömmlichen Musicals gemeint – aber nicht nur des Musicals, sondern auch der Libertinage-Filme; die Personen (…) besitzen keine buchstäbliche, sondern nur eine auf andere filmische Vorbilder bezogene Existenz. Doch keine dieser parodistischen Intentionen ist wirklich durchgeführt. Die Dialoge zwischen den eifersüchtigen Liebhabern und der reizvoll ausstaffierten Schönen quälen sich dahin; zwischendurch werden Stammtischgeschichten, Witze, Anspielungen und Verweise auf andere Filme eingeflochten (Belmondo bekräftigt, ganz »Außer Atem« zu sein; Jeanne Moreau, zufällig an einer Bar lehnend, haucht »Moderato Cantabile«). Aber die Dialogpointen wie die formalen Einfälle – Passagen in ruckhafter Stummfilmmanier, Blinzeln der Akteure ins Objektiv, Farbspielereien – sie alle verpuffen, schlagen sich gegenseitig aus dem Felde, weil keine Idee da ist, der sie sich unterordnen. (grg [i.e. Ulrich Gregor], Filmkritik, Nr. 9, 1961)

JULES ET JIM. Jules und Jim. – Frankreich 1961/62. – Regie: François Truffaut. – Buch: François Truffaut, Jean Gruault (nach dem gleichnamigen Roman von Henri-Pierre Roché). – Kamera: Raoul Coutard. – Schnitt: Claudine Bouché. – Musik: Georges Delerue; Chanson: »Le Tourbillon« von Cyrus Bassiak (i.e. Serge Rezvani), gesungen von Jeanne Moreau. – Ausstattung: Fred Chapel. – Produktion: Les Films du Carrosse, Paris / S.E.D.I.F., Paris. – Länge: 107 M. – Schwarzweiß, Franscope. – Premiere Paris: 23.1.1962. – Deutsche Erstaufführung: 23.2. 1962, in vielen Städten der BR Deutschland. – Darsteller: Jeanne Moreau, Oskar Werner, Henri Serre, Marie Dubois, Boris Bassiak (i.e. Serge Rezvani), Michel Subor (Erzählstimme). – Illustrierte Film-Bühne: Nr. 6034.

Ein Meisterwerk an sich ist die psychologisch großartige Führung Jeanne Moreaus als Catherine, die diesen wirklichen Spitzenstar in dramatischen und erstmalig in humoristischen Szenen von einer ganz neuen Seite zeigt. Catherine ist kein lasterhaftes Geschöpf im üblichen Sinne. Sie glaubt wie ein Mann leben zu können, wie ein oft untreuer Ehemann. Aber sie lügt nie, sie ist keine Heuchlerin. Catherine gibt sich nie heimlich einem anderen Mann hin. Sie hat vor Jules und Jim keine Geheimnisse. Und Jeanne Moreau bleibt in ihrem Spiel stets dezent. (Alexandre Alexandre, Frankfurter Rundschau, 8.2. 1962)

EVA / EVE. Eva. – Italien / Frankreich 1961/62. – Regie: Joseph Losey. – Buch: Hugo Butler, Evan Jones (nach dem gleichnamigen Roman von James Hadley Chase). – Kamera: Gianni di Venanzo, Henri Decaë. – Schnitt: Reginald Beck, Franca Silvi. – Musik: Michel Legrand. – Ausstattung: Richard MacDonald, Luigi Scacciaoce. – Produktion: Interopa, Rom / Paris Films Production, Paris. – Produzenten: Robert Hakim, Raymond Hakim. – Originallänge: 155 M. (Länge der ersten von Joseph Losey autorisierten Version: 135 M. / Französische und Italienische Fassung: 116 M. / Deutsche Fassung: 107 M.). – Schwarzweiß. – Premiere Paris: 3.10.1962. – Italienischer Kinostart: 13.10.1962. – Deutsche Erstaufführung: 30.11. 1962, Düsseldorf, Savoy. – Darsteller: Jeanne Moreau, Stanley Baker, Giorgio Albertazzi, Virna Lisi, Peggy Guggenheim, Vittorio De Sica, Joseph Losey. – Illustrierte Film-Bühne: Nr. 6320.

Die beiden Hauptdarsteller des Films – Jeanne Moreau, geziert trippelnd oder kindisch stolzierend, sich drapierend oder entkleidend, selbstverliebt, böse, leer und kapriziös, und Stanley Baker als der überlaute, selbstgefällige, tief unsichere und zu Selbstvernichtung gedrängte Pseudo-Schriftsteller – schaffen Gestalten, wie sie, bei allem Talent der Schauspieler, Zeugnis für einen großen Regisseur ablegen. (François Bondy, Die Welt, 13.10.1962)

THE TRIAL / LE PROCÈS / DER PROZESS / Il Processo. – Frankreich / BR Deutschland / Italien 1962. – Regie: Orson Welles. – Buch: Orson Welles (nach dem gleichnamigen Roman von Franz Kafka). – Kamera: Edmond Richards. – Schnitt: Yvonne Martin. – Musik: Jean Ledrut, Tomaso Albinoni. – Ausstattung: Jean Mandaroux. – Produktion: Paris Europe Productions, Paris / Hisa Film, München / FI.C.IT, Rom. – Produzenten: Alexander Salkind, Michel Salkind, Yves Laplanche. – Länge: 120 M. (Deutsche und Italienische Fassung: 118 M.). – Schwarzweiß. – Premiere Paris: 21.12.1962. – Italienische Erstaufführung: 30.3.1963, Rom. – Deutsche Erstaufführung: 2.4.1963, München, Astor. – Darsteller: Anthony Perkins, Jeanne Moreau, Romy Schneider, Suzanne Flon, Orson Welles, Elsa Martinelli, Akim Tamiroff, Wolfgang Reichmann, Thomas Holtzmann, Michel Lonsdale. – Illustrierte Film-Bühne: Nr. 6375.

Orson Welles hat das Buch der Traumsymbole gut studiert. Schuld, Wahn, Angst und laszive Motive fließen in gleitenden filmischen Sequenzen ineinander. Die erotischen Szenen mit Jeanne Moreau, Romy Schneider und Elsa Martinelli stimmen zu der authentischen Konzeption des traum- und wahnhaften Erlebnisses. (Karl Korn, Frankfurter Allgemeine Zeitung, 1.7. 1963)

LA BAIE DES ANGES. Die blonde Sünderin. – Frankreich 1962/63. – Regie und Buch: Jacques Demy. – Kamera: Jean Rabier. – Schnitt: Anne-Marie Cotret. – Musik: Michel Legrand. – Ausstattung: Bernard Evein. – Produktion: Sud Pacifique Films.

Jules et Jim: Jeanne Moreau, Henri Serre, Oskar Werner

– Produzent: Paul-Edmond Decharme. – Länge: 89 M. (Deutsche Fassung: 83 M.). – Schwarzweiß, Dyaliscope. – Premiere Paris: 1.3. 1963. – Deutsche Erstauffühung: 13.11.1964, in vielen Städten der BR Deutschland. – Darsteller: Jeanne Moreau, Claude Mann, Paul Guers, Henri Nassiet, Nicole Chollet, André Certes. – Illustrierte Film-Bühne: Nr. 6646.

Jackie (Jeanne Moreau), die blonde Sünderin, ist eine Frau mit platiniertem Haar, auffallenden Kleidern und Pelzen, einem ausgemergelten Gesicht, von Leidenschaft wahrscheinlich, und kein Spielkasino von Enghien bis Monte Carlo ist ihr unbekannt. Um spielen zu können, tut sie alles: Sie hat Mann und Kind verlassen, sie konvertiert in Geld, was immer sich ihr bietet, sie lügt und betrügt. (Frieda Grafe, Filmkritik, Nr. 1, 1965)

LE FEU FOLLET / FUOCO FATUO. Das Irrlicht. – Frankreich / Italien 1963. – Regie: Louis Malle. – Buch. Louis Malle (nach dem gleichnamigen Roman von Pierre Drieu la Rochelle). – Kamera: Ghislain Cloquet. – Schnitt: Suzanne Baron. – Musik: Erik Satie. – Ausstattung: Bernard Evein. – Produktion: Nouvelles Edition de Films, Paris / Arco Film, Rom. – Länge: 121 M. (Italienische und Deutsche Fassung: 108 M.). – Schwarzweiß. – Uraufführung: 2.9.1963, Internationale Filmfestspiele Venedig. – Premiere Paris: 11.10.1963. – Deutscher Kinostart: 7.10.1966. – Darsteller: Maurice Ronet, Léna Skerla, Yvonne Clech, Hubert Deschamps, Pierre Moncorbier, René Dupuy, Bernard Noël, Jeanne Moreau.

Die letzte zweitägige Konfrontation des psychopathischen Außenseiters mit dessen Umwelt zeigt ein buntes Kaleidoskop einer geistig wie sozial gehobenen Gesellschaft, in der sich gleichzeitig Paris spiegelt. Die Kamera gibt sich ähnlich ermattet sanft und müde wie der sensible Held. (…) Unter den vielen bedeutsamen Schauspielern und Schauspielerinnen besticht in kurzen Szenen Malles Lieblingsdarstellerin Jeanne Moreau, die sich mit gewohnter Intelligenz der schmerzlichen Schwermut einfügt, die wie eine Aura den ichbezogenen Ewigjüngling umgibt und seine Pein, »nichts mit den Händen fassen zu können«. Ein qualvoll-schöner Film. (D.F. [i.e. Dora Fehling], Telegraf, 30.9.1967)

PEAU DE BANANE / BUCCIA DI BANANA / HEISSES PFLASTER. – Frankreich / Italien / BR Deutschland 1963. – Regie: Marcel Ophuls. – Buch: Marcel Ophuls, Claude Sautet, Daniel Boulanger (nach dem Roman »Nothing in Her Way« von Charles Williams). – Kamera: Jean Rabier. – Schnitt: Monique Kirsanoff. – Musik: Ward Swingle; Chanson: »Embrasse-moi« von Cyrus Bassiak (i.e Serge Rezvani), gesungen von Jeanne Moreau. – Ausstattung: Georges Wakhevitch. – Produktion: Sud Pacifique Films / Capitole Films, Paris / C.C.M. Films, Rom / Mondiale / Eichberg-Film. – Produzent: Paul-Edmond Decharme. – Länge: 97 M. – Schwarzweiß, Franscope. – Premiere Paris: 16.10.1963. – Italienischer Kinostart: 25.9. 1963. – Deutsche Erstaufführung: 3.1.1964, Nürnberg, Phoebus-Palast. – Darsteller: Jeanne Moreau, Jean-Paul Belmondo, Claude Brasseur, Gert Fröbe, Jean-Pierre Marielle, Charles Regnier, Alain Cuny. – Illustrierte Film-Bühne: Nr. 6689.

Wenn Jeanne Moreau, auf einem Empiresofa thronend, eine Telephonintrige spinnt oder unter dem Tisch herumkriecht, eine angeblich verschwundene Spange sucht und dabei lediglich einen kleinen Zeitaufschub herausschinden will, ist sie unvergleichlich. Ein kleiner Film, gewiß, aber gerade recht, um sich bei ihm von den ambitionierten Mißgriffen zu erholen, von denen man oft genug belästigt wird. (uwe [i.e. Uwe Nettelbeck], Die Zeit, 13.3.1964)

THE VICTORS. Die Sieger. – Großbritannien / USA 1962. – Regie: Carl Foreman. – Buch: Carl Foreman (nach dem Roman »The Human Kind: A Sequence« von Alexander Baron). – Kamera: Christopher Challis. – Schnitt: Alan Osbiston. – Musik: Sol Kaplan. – Ausstattung: Geoffrey Drake. – Produktion: Highroad Production / Columbia Open Road Films. – Produzenten: Carl Foreman, Harold Buck. – Länge: 175 M. (von Carl Foreman gekürzte Fassung: 148 M. / Deutsche Fassung: 156 M.). – Premiere London: 22.11.1963. – Premiere New York: 19.12. 1963. – Deutsche Erstaufführung: 20.2.1964, in vielen Städten der BR Deutschland. – Darsteller: George Peppard, Eli Wallach, Jeanne Moreau, George Hamilton, Romy Schneider, Albert Finney.

»Ich bin heute sicher«, äußerte Foreman, »daß jeder Krieg – auch ein gerechter Krieg – irgendwie auch die Sieger degradiert.« Um seiner Überzeugung auf der Leinwand Ausdruck zu verleihen, stellt Foreman (…) einige amerikanische GI's in ihren verschiedenen Erlebnissen zwischen 1942 und 1946 vor. (…) In der Szene während der Invasion in der Normandie, wo ein amerikanischer Sergant auf eine in ihrem Haus vor Angst hockende, kultivierte Französin trifft, bekommt der Film Konturen – hier ist die Interpretation durch Jeanne Moreau und Eli Wallach dem Ernst des Themas angemessen. (Klaus Hebecker, Film-Telegramm, Nr. 9, 25.2.1964)

LE JOURNAL D'UNE FEMME DE CHAMBRE / IL DIARIO DI UNA CAMERIERA. Tagebuch einer Kammerzofe. – Frankreich / Italien 1963/64. – Regie: Luis Buñuel. – Buch: Luis Buñuel, Jean-Claude Carrière (nach dem gleichnamigen Roman von Octave Mirbeau). – Kamera: Roger Fellous. – Schnitt: Lousiette Hautecœur. – Ausstattung: Georges Wakhevitch. – Produktion: Spéva Films, Paris / Ciné-Alliance, Paris / Filmsonor, Paris / Dear Film, Rom. – Produzenten: Serge Silberman, Michael Safra. – Länge: 97 M. – Schwarzweiß, Franscope. – Uraufführung: 6.7.1964, Internationales Filmfestival Karlový Vary. – Premiere Paris: 4.3.1964. – Italienischer Kinostart: 16.9.1964. – Deutsche Erstaufführung: 4.8.1964, München, Sendlinger Tor. – Darsteller: Jeanne Moreau, Georges Géret, Michel Piccoli, Françoise Lugage, Jean-Claude Carrière. – Illustrierte Film-Bühne: Nr. 6863.

Le Feu follet: Jeanne Moreau

In diesem Film gibt es kein Drama mehr, keine Tragödie spielt sich ab, nichts entwickelt sich zu einem Ziel: tote Welt (übrigens nicht zufällig eine ohne Musik!), Menschen, die nicht einmal der Lebenslüge bedürfen. Der einzige Mensch, der (...) noch so etwas wie Reinheit sucht und darstellt, die sich ekelt und auf ihre höfliche gebändigte Weise den Schmutz verabscheut, sich empfindlich gegen das Unrecht zeigt, das ist das Mädchen Célestine (Jeanne Moreau). Und dieses heiratet am Ende den blöden, kleinbürgerlichen, widerwärtigen Oberst. Kapituliert, sie verrät ihr Herz – der Hohn Buñuels ist total und läßt keinen übrig. (Karena Niehoff, Der Tagesspiegel, 1.11. 1964)

Le Train / Il Treno / The Train. Der Zug. – Frankreich / Italien / USA 1963/64. – Regie: John Frankenheimer; Arthur Penn (ungenannt). – Buch: Franklin Coen, Frank Davis, Walter Bernstein, Albert Hussen (nach dem Roman »Le Front de l'art« von Rose Valland). – Kamera: Jean Tournier, Walter Wottitz. – Schnitt: David Bretherton, Gabriel Rongier. – Musik: Maurice Jarre. – Ausstattung: Willy Holt. – Produktion: Les Artistes Associés / Films Ariane, Paris / Vidès Films / Dear Film Produzione, Rom. – Produzent: Jules Bricken. – Länge: 140 M. (Italienische Fassung: 113 M. / Deutsche Fassung: 132 M.). – Schwarzweiß. – Premiere Paris: 22.9.1964. – Italienischer Kinostart: 29.10.1964. – Premiere New York: 17.3.1965. – Deutsche Erstaufführung: 6.11.1964, in vielen Städten der BR Deutschland. – Kinostart DDR: 15.7.1966. – Darsteller: Burt Lancaster, Jeanne Moreau, Paul Scofield, Michel Simon, Suzanne Flon, Howard Vernon, Albert Rémy. – Illustrierte Film-Bühne: Nr. 6979.

Ein Zug, mit Millionenwerten an »entarteter Kunst« beladen, soll kurz vor Kriegsende in Paris 1944 noch nach Deutschland dirigiert werden. Und um jeden Meter, den ihn die Deutschen in Richtung Grenze schaffen, sabotieren ihn die Franzosen wieder zurück. Nun ist John Frankenheimer ein Regisseur des fast dokumentarhaft trockenen Realismus und er ist offensichtlich nicht nur auf einen feschen, abenteuerlichen Kriegsreißer versessen. Er wirft also den Problemköder aus und hängt den Sabotageknüller an der Frage auf, ob man für die Erhaltung eines echten Cézanne, Picasso oder Modigliani Menschenleben riskieren müsse, solle oder dürfe. (Ponkie, Abendzeitung, München, 9.11.1964). – Jeanne Moreau spielt in einer Nebenrolle eine Hotelbesitzerin, die den französischen Widerstandskämpfer, gespielt von Burt Lancaster, in ihrem Keller vor den Deutschen versteckt.

The Yellow Rolls Royce. Der gelbe Rolls-Royce. – Großbritannien 1964. – Regie: Anthony Asquith. – Buch: Terence Rattigan. – Kamera: Jack Hildyard. – Schnitt: Frank Clarke. – Musik: Riz Ortolani. – Ausstattung: Elliot Scott, Vincent Korda, William Kellner. – Produktion: Anatole de Grunwald Productions für Metro-Goldwyn-Mayer. – Produzent: Anatole de Grunwald. – Länge: 122 M. (Deutsche Fassung: 118 M.). – Metrocolor, Panavision. – Uraufführung: 31.12.1964, London, Empire. – Deutsche Erstaufführung: 8.4.1965, Berlin, Atelier am Zoo. – Darsteller der ersten Episode: Rex Harrison, Jeanne Moreau. – Darsteller der beiden anderen Episoden: Shirley MacLaine, George C. Scott, Alain Delon, Ingrid Bergman, Omar Sharif. – Illustrierter Film-Kurier: Nr. 49.

Angemessene Unterhaltung für die Insassen von Altersheimen des gehobenen Mittelstands. Die Kinoveteranen Anthony Asquith und Terence Rattigan benutzen einen alten Rolls Royce als Vehikel für eine Anzahl Stars, die denn auch ihre jeweilige Show abziehen: die glückliche Schwedin, die schwierige Französin, Irma la Douce, Prof. Higgins und der Papagallo haben ihre Nummer. (Dietrich Kuhlbrodt, Filmkritik, Nr. 6, 1965). – Jeanne Moreau spielt in der ersten Filmepisode die französische Frau eines englischen Lords. Er erwischt sie mit ihrem Liebhaber ausgerechnet in dem titelgebenden Auto, das er ihr zum zehnten Hochzeitstag geschenkt hat.

Mata-Hari, Agent H. 21 / Mata Hari, Agente Segreto H. 21. Mata Hari, Agent H. 21(auch: Die Agentin H-21). – Frankreich / Italien 1964/65. – Regie: Jean-Louis Richard. – Buch: Jean-Louis Richard, François Truffaut. – Kamera: Michael Kelber. – Schnitt: Kenout Peltier. – Musik: Georges Delerue. – Ausstattung: Claude Pignot. – Produktion: Filmel, Paris / Les Films du Carrosse, Paris / Simar Films, Paris / Fida Cinematografica, Rom. – Produzent: Eugène Lépicier. – Länge: 95 M. (Italienische Fassung: 100 M./ Deutsche Fassung: 98 M.). – Schwarzweiß. – Italienische Erstaufführung: 31.12.1964, Rom. – Premiere Paris: 29.1.1965. – Deutsche Erstaufführung: 29.7.1966, in vielen Städten der BR Deutschland. – Darsteller: Jeanne Moreau, Jean-Louis Trintignant, Claude Rich, Jean-Pierre Léaud, Charles Denner.

Die Lust am ausländischen Dekor, die schrankenlose Huldigung einer schillernden Frauengestalt im Agentengewerbe (bei Sternberg war es Marlene Dietrich als Agentin X 27, Truffaut und Richard treiben mit Jeanne Moreau den nämlichen Kult), die Betonung der »Atmosphäre« jeder Szene – das erinnert unmißverständlich an Sternbergs Film »Dishonored«. (...) Edle Gefühle, schmutzige Geschäfte, Traurigkeit im Krieg, Idylle auf der Wiese und mondäne Welt geschickt gemischt, flott inszeniert und photographiert (...). (Eckhart Schmidt, Süddeutsche Zeitung, 24./25.5.1967)

Viva Maria. Viva Maria! – Frankreich / Italien 1965. – Regie: Louis Malle. – Buch: Louis Malle, Jean-Claude Carrière. – Kamera: Henri Decaë. – Schnitt: Kenout Peltier, Suzanne Baron. – Musik: Georges Delerue; Chansons gesungen von Jeanne Moreau und Brigitte Bardot. – Ausstattung: Bernard Evein. – Produktion: Nouvelles Edition de Films, Paris / Les Artistes Associés, Paris / Vides Cinematografica, Rom. – Produzenten: Louis Malle, Oscar Dancigers. – Länge: 120 M. (Italienische Fassung: 116 M. / Deutsche Fassung: 118 M.). – Technicolor, Panavision. – Uraufführung: 22.11.1965, Paris. – Italienischer Kinostart: 16.2.1966. – Deutsche Erstaufführung: 22.1.1966, in vielen Städten der BR Deutschland. – Darsteller: Jeanne Moreau, Brigitte Bardot, George Hamilton, Gregor von Rezzori, Juan-Louis Buñuel.

Das erste Drittel lebt der Film durch den so sehr gegensätzlichen Reiz der beiden besten Exportartikel Frankreichs: Moreau – Bardot. Der Charme der Moreau ist verhaltener, bewußter, klüger, und doch fällt die Bardot mit Schmollmund und Glanzaugen nicht ab, einander bekämpfend ergänzen sie sich wie Kunst und Natur. (Brigitte Jeremias, Frankfurter Allgemeine Zeitung, 1.2.1966)

CHIMES AT MIDNIGHT / CAMPANADAS A MEDIANOCHE / FALSTAFF. Falstaff. – Spanien / Schweiz 1965/66. – Regie: Orson Welles. – Buch: Orson Welles (nach Motiven aus »Richard II.«, »Henry IV.«, »Henry V.«, »The Merry Wives of Windsor« von William Shakespeare). – Kamera: Edmond Richard. – Schnitt: Fritz Mueller. – Musik: Angelo Francesco, Albert Lavagnino. – Ausstattung: José Antonio de la Guerra, Mariano Erdoza. – Produktion: Internacional Films Española, Madrid / Alpine Production, Basel. – Produzenten: Emiliano Piedra, Angel Escolano, Alessandro Tasca, Harry Saltzmann. – Länge: 115 M. – Schwarzweiß, Breitwand. – Uraufführung: 8.5.1966, Internationale Filmfestspiele Cannes. – Spanischer Kinostart: Mai 1966. – Schweizer Erstaufführung: 17.11.1966, Zürich. – Deutscher Kinostart: 27.12.1968. – Darsteller: Orson Welles, Jeanne Moreau, Keith Baxter, John Gielgud, Margaret Rutherford, Marina Vlady, Fernando Rey.

Orson Welles zeichnet diesen Ritter voller Furcht und Tadel mit der ganzen imponierenden Fülle seiner eindrucksvollen Gestalt, verkörpert ihn weit weniger komödiantisch vordergründig als die meisten Bühneninterpretationen dieser Figur. Er gibt ihm souveränen Witz und tiefen Weltschmerz. Was der Regisseur Orson Welles ihm nicht gibt, das sind – gleichwertige Partner. Die wenigsten der ausgezeichneten Darsteller gewinnen Eigengewicht, sie bleiben vielmehr Randfiguren von untergeordnetem Rang. Wenn Orson Welles die Szene betritt, bestimmt er sie auch (selbst wenn Jeanne Moreau seine Partnerin ist). (Volker Baer, Der Tagesspiegel, 8.2.1970)

MADEMOISELLE. Mademoiselle. – Frankreich / Großbritannien 1965/66. – Regie: Tony Richardson. – Buch: Jean Genet. – Kamera: David Watkin (engl. Version), Philippe Brun (franz. Version). – Schnitt: Anthony Gibbs (engl. Version), Sophie Coussein (franz. Version). – Ausstattung: Jacques Saulnier. – Produktion: Procinex, Paris / Woodfall Films, London. – Produzent: Oscar Lewenstein. – Länge französische Version: 100 M. – Länge englische Version: 103 M. – Schwarzweiß, Panavision. – Uraufführung: 12.5.1966, Internationale Filmfestspiele Cannes. – Premiere Paris: 3.6.1966. – Kinostart Großbritan-

nien: Januar 1967. – Deutscher Kinostart: 11.11.1966. – Darsteller: Jeanne Moreau, Ettore Manni, Keith Skinner, Umberto Orsini, Jane Barretta, Georges Aubert, Pierre Collet. – Der Film wurde in zwei Sprachfassungen produziert. – Illustrierte Film-Bühne: Nr. 7452.

Eine »psychologische Studie«? Das ist ungefähr das Falscheste, was man von diesem Film sagen kann. Es wird nicht untersucht, es wird nicht analysiert, es wird nicht begriffen. Zum Schluß gebricht es sogar an jedweder Einsicht: Mademoiselle, die Brandstifterin mit zwei Menschenleben auf dem Gewissen, wird belohnt; die Guten und Reinen dagegen sind ermordet oder mit Haß beladen worden für den Rest des Lebens. (Dietrich Kuhlbrodt, Filmkritik, Nr. 1, 1967). – Jeanne Moreau agiert spitz und eckig, von scheuer Boshaftigkeit und verklemmter Lüsternheit erfüllt als die Lehrerin; faszinierend ihr fast wortloses Spiel, das zum Gleichnis, zum Albtraum menschlichen Wesens wird. Und doch hebt sich ihre kultivierte Darstellung von der schwerfälligen Zeichnung dörflichen Lebens allzu bewußt ab (…). (Volker Baer, Der Tagesspiegel, 1.2.1967)

DAS ÄLTESTE GEWERBE DER WELT / LE PLUS VIEUX MÉTIER DU MONDE / L'AMORE ATTRAVERSO I SECOLI. – BR Deutschland / Frankreich / Italien 1966/67. – Regie: Philippe de Broca (3. Episode: »Mademoiselle Mimi«). – Regie der fünf anderen Episoden: Franco Indovina, Mauro Bolognini, Michael Pfleghar, Claude Autant-Lara und Jean-Luc Godard. – Buch: Daniel Boulangier. – Kamera: Pierre Lhomme. – Schnitt: Susanne Paschen. – Musik: Michel Legrand. – Ausstattung: Bernard Evein. – Produktion: Rialto Film, Berlin / Les Films Gibé, Paris / Francoriz Productions, Paris / Franco London Films, Paris / Rizzoli Films, Rom. – Produzent: Joseph Bergolz. – Länge: 119 M. (Französische Fassung: 115 M. / Italienische Fassung: 121 M.). – Eastmancolor. – Uraufführung: 6.4.1967, München. – Premiere Paris: 19.4.1967. – Italienischer Kinostart: 19.10.1967. – Darsteller: Jeanne Moreau, Jean-Claude Brialy, Jean Richard (3. Episode). – Darsteller der anderen Episoden: Michèle Mercier, Raquel Welch, Elsa Martinelli, Martin Held, Nadia Gray, France Anglade, Anna Karina, Jacques Charrier. – Illustrierter Film-Kurier: Nr. 180.

Philippe de Broca hat mit seinem Kurzbrenner immerhin die Jeanne Moreau zur Hand. Er läßt sie in der Nähe der Guillotine emsig Liebesdienste leisten. Während draußen die Köpfe fallen, fallen ihr die Stundenliebhaber zu. (Friedrich Luft, Die Welt, 13.4.1967)

THE SAILOR FROM GIBRALTAR. Nur eine Frau an Bord. – Großbritannien 1965/66. – Regie: Tony Richardson. – Buch: Christopher Isherwood, Don Magner, Tony Richardson (nach dem Roman »Le Marin de Gibraltar« von Marguerite Duras). – Kamera: Raoul Coutard. – Schnitt: William Blunde. – Musik: Antoine Duhamel; Chanson »Jo le Rouge« von Cyrus Bassiak (i.e. Serge Rezvani), gesungen von Jeanne Moreau. – Ausstattung:

Viva Maria: George Hamilton, Jeanne Moreau

Chimes at Midnight: Orson Welles, Jeanne Moreau

Josie Malavin. – Produktion: Woodfall Films, London. – Produzenten: Oscar Lewenstein, Neil Hartley. – Länge: 89 M. – Schwarzweiß. – Uraufführung: 24.4.1967, New York. – Premiere London: 21.7.1967. – Deutsche Erstaufführung: 19.5.1967, Heidelberg, Fauler Pelz. – Darsteller: Jeanne Moreau, Ian Bannen, Vanessa Redgrave, Orson Welles, John Hurt. – Illustrierte Film-Bühne: Nr. 7581.

Anna (Jeanne Moreau) sucht den Matrosen von Gibraltar, nach dem sie ihr Schiff benannt hat. Mit ihm glaubt sie, glücklich gewesen zu sein. Aber das Glück war von kurzer Dauer. (…) Möglicherweise hat der Matrose nie existiert. Seine Funktion (…) ist die Fata Morgana der Liebe, die allen anderen Lieben den schicken Nimbus von Bitterkeit und nie möglicher Erfüllung voraus hat. (…) Keinen Augenblick hat man in dem Film das Gefühl, auch nur einen Zipfel von Realität gezeigt zu bekommen. Er ist ein Mosaik aus abgezogenen Bedeutungen und Vorstellungen, uneingestandenen Vorurteilen und Wunschträumen: eine kongeniale Verfilmung des Buches. (Frieda Grafe, Filmkritik, Nr. 7, 1967)

THE GREAT CATHERINE. Die große Katharina. – Großbritannien 1967. – Regie: Gordon Flemyng. – Buch: Hugh Leonard (nach dem Bühnenstück »Great Catherine Whom Glory Still Adores« von George Bernard Shaw). – Kamera: Oswald Morris. – Schnitt: Anne V. Coates. – Musik: Dimitri Tiomkin. – Ausstattung: John Bryan, Bill Hutchinson. – Produktion: Warner-Keep Films. – Produzenten: Peter O'Toole, Jules Buck. – Länge: 98 M. – Technicolor. – Premiere London: 6.12.1967. – Deutscher Kinostart: 29.11.1968. – Darsteller: Jeanne Moreau, Peter O'Toole, Zero Mostel, Jack Hawkins, Akim Tamiroff. – Illustrierte Film-Bühne: Nr. 8023.

Man muß sich stets von neuem über die schauspielerische Wandlungsfähigkeit der Jeanne Moreau wundern. Ziemlich spät aber wurde das komische Talent dieser französischen Schauspielerin entdeckt, die (…) im Film ausschließlich in ernsten Rollen zu sehen war. (…) Ohne ihren intellektuellen Witz und ihren kultivierten Charme wäre beispielsweise die Filmversion von George Bernard Shaws mittlerweile – oder vielleicht sogar von Anfang an – ein wenig verstaubter Komödie über die ebenso kluge wie erotisch agile Zarin aus deutschem Geblüt eigentlich wenig reizvoll. (…) Wann immer Jeanne Moreau als die historisch übrigens äußerst ungenau porträtierte Zarin Katharina II. auftritt, beherrscht sie mit ihrer Klugheit und mit ihrer grazilen Raffinesse die Szene. (V.B. [i.e. Volker Baer], Der Tagesspiegel, 15.1.1969)

THE DEEP / DEAD RECKONING / DIRECTION TOWARDS DEATH. – USA 1967. – Regie: Orson Welles. – Buch: Orson Welles (nach dem Roman »Dead Calm« von Charles Williams). – Kamera: Willy Kurant. – Eastmancolor. – Darsteller: Orson Welles, Jeanne Moreau, Laurence Harvey, Michael Bryant, Oja Kodar. – Unvollendet.

LA MARIÉE ÉTAIT EN NOIR / LA SPOSA IN NERO / THE BRIDE WORE BLACK. Die Braut trug schwarz. – Frankreich / Italien / Großbritannien 1967/68. – Regie: François Truffaut. – Buch: François Truffaut, Jean-Louis Richard (nach dem Roman »The Bride Wore Black« von William Irish). – Kamera: Raoul Coutard. – Schnitt: Claudine Bouché. – Musik: Bernard Herrmann, Felix Mendelssohn, Antonio Vivaldi. – Ausstattung: Pierre Guffroy. – Produktion: Les Films du Carrosse, Paris / Les Productions Artistes Associés, Paris / Dino De Laurentiis, Cinematografica, Rom / Woodfall Films, London. – Produzent: Oscar Lewenstein. – Länge: 107 M. – Eastmancolor, Breitwand. – Französische Erstaufführung: 17.4.1968, Paris. – Kinostart Italien: 30.4.1968. – Premiere London: 2.8.1968. – Deutsche Erstaufführung: 22.3.1968, in vielen Städten der BR Deutschland. – Darsteller: Jeanne Moreau, Claude Rich, Jean-Claude Brialy, Michel Bouquet, Michel Lonsdale, Charles Denner. – Illustrierte Film-Bühne: Nr. 7810.

Als Erinnye schweift Jeanne Moreau durch die sonnige Provence. Schwarz-weiß gewandet inmitten berückender Reizfarbenprospekte, trifft sie fünf Männer an, die ihr einst am Hochzeitstag den Gatten von der Seite schossen. Die V-Waffen, wie Gift, Messer, Pfeil und Bogen, wählt die kultivierte Würgerin stets passend zur Gelegenheit und zum sozialen Stand des Kandidaten; und Rache, weiß die Heroine, genießen Leute von Geschmack ganz kalt. (Anonym, Der Spiegel, 15.4.1968)

UNE HISTOIRE IMMORTELLE / THE IMMORTAL STORY. Die Stunde der Wahrheit. – Frankreich 1966/67. – Regie: Orson Welles. – Buch: Orson Welles (nach einer Erzählung aus dem Band »Seven Gothic Tales« von Isak Dinesen [i.e. Tania Blixen]). – Kamera: Willy Kurant. – Schnitt: Yolande Maurette. – Musik: Erik Satie. – Ausstattung: André Pilant. – Produktion: Albina Films, Paris / O.R.T.F., Paris. – Produzentin: Micheline Rozan. – Länge: 60 M. (Deutsche Fassung: 58 M.). – Ektachrome, Breitwand. – Uraufführung: 24.5.1968, Paris. – Deutsche Erstaufführung: 2.7.1968, Internationale Filmfestspiele Berlin, Zoo-Palast. – Kinostart: 9.8.1968, Berlin, Film-Bühne Wien. – Darsteller: Orson Welles, Jeanne Moreau, Roger Coggio, Norman Eshley, Fernando Rey. – Sprecher: Orson Welles. – Illustrierte Film-Bühne: Nr. 7929.

Der erste Farbfilm von Orson Welles folgt exakt Tania Blixens Erzählung »Die unsterbliche Geschichte« und ist doch ganz eine Orson Wellessche Reflexion. Es ist das einsamste und vielleicht am wenigsten »gültige« Werk des Regisseurs: eine hermetisch abgeschlossene Welt, in der sich das Experiment zwischen Realität und Mythos vollzieht. (…) Die monomane Abgeschlossenheit dieses Kinostücks ist die Voraussetzung für seine Schönheit. Ein glänzend gespielter Film. (…) wieder einmal optimal besetzt: Jeanne Moreau; dazu Orson Welles selbst in der Maske steinernen Alters. (Alf Brustellin, Süddeutsche Zeitung, 14./15.8.1968)

Impressions de Paris. – Frankreich 1968. – Regie: François Reichenbach. – Sprecherin: Jeanne Moreau. – Kurzfilm.

Le Corps de Diane / Telo Diany. – Frankreich / ČSSR 1968/69. – Regie: Jean-Louis Richard. – Buch: Jean-Louis Richard, Jean-François Hauduroy, Pierre Bourgeade (nach einem Roman von François Nourissier). – Kamera: Miroslav Ondriček. – Musik: Antoine Duhamel. – Ausstattung: Jindrich Goetz, Jean-Claude Vignes. – Produktion: Renn Productions, Paris / Carla Films, Paris / Československý Film, Prag. – Länge: 95 M. – Eastmancolor. – Premiere Paris: 28.5.1969. – Tschechoslowakische Erstaufführung: 14.11.1969. – Darsteller: Jeanne Moreau, Charles Denner, Elisabeth Wiener, Joëlle Latour, Henri-Jacques Huet.

Da gibt's doch einiges zu erleben: eine interessante, wahrscheinlich bisexuelle, wer weiß, vielleicht auch nymphomane, jedenfalls nicht mehr ganz junge Frau; einen schwer durchschaubaren, virilen und dennoch kindlichen Mann, von Eifersucht bis zum Wahn geplagt; (…) ein bißchen Prag und ein wenig Paris, vor allem viel tschechische und französische Landschaft in pastellenen Tönen; (…) bildliche Manierismen und eine Musik, die von Anfang an Schlimmes ahnen läßt; hübsche Ironie, von der man nicht weiß, ob sie beabsichtigt oder unfreiwillig ist (…). Das Gran psychologischer Wahrheit, das in dem Drama um Liebe, Eifersucht und Tod steckt, wird dermaßen aufgeblasen, daß Finesse gar nicht erst aufkommen kann. Bestenfalls freut man sich über die schauspielerischen Qualitäten von Jeanne Moreau. (db, Neue Zürcher Zeitung, 20.7.1970)

Monte Walsh. – USA 1969/70. – Regie: William A. Fraker. – Buch: Lukas Heller, David Zelag Goodman (nach dem gleichnamigen Roman von Jack Schaefer). – Kamera: David M. Walsh. – Schnitt: Richard Brockway, Robert L. Wolfe. – Musik: John Barry. – Ausstattung: Albert Brenner, Phil Abramson. – Produktion: Palladian Pictures / Cinema Center. – Produzenten: Hal Landers, Bobby Roberts. – Länge: 108 M. – Technicolor, Panavision. – Uraufführung: 7.10.1970, New York. – Deutscher Kinostart: 2.10.1970. – Darsteller: Lee Marvin, Jeanne Moreau, Jack Palance, Mitch Ryan, Jim Davis, John Hudkins, Raymond Guth.

Als Lee Marvin der Moreau einmal seinen Monatslohn anbietet, lehnt sie ab. Noch nie habe ich von dir Geld genommen, sagt sie. Das hier kannst du schon nehmen, beruhigt er sie daraufhin, das ist kein Geld, das ist Kapital. Monte Walsh spielt in einer Zeit, in der immer mehr Cowboys entlassen werden und Bankraube aus Arbeitslosigkeit verübt werden, zu einer Zeit, in der Geld eben nicht mehr Geld heißt und auch Pferde schon beginnen zum Kapital gezählt zu werden (…). (Klaus Bäderkerl, Filmkritik, Nr. 12, 1970)

Côté cour, côté champs. – Frankreich 1970. – Regie: Guy Gilles. – Kamera: Jean Collomb. – Schnitt: J.P. Desfosse. – Produktion: Films Treize. – Länge: 17 M. – Premiere Paris: 20.11.1970. – Darsteller: Tonie Marshall, Patrick Jouané, Geneviéve Thénier, Patrick Lambert, Jean-Claude Brialy, Jeanne Moreau. – Kurzfilm.

Alex in Wonderland. Alex im Wunderland. – USA 1970. – Regie: Paul Mazursky. – Buch: Paul Mazursky, Larry Tucker. – Kamera: Laszlo Kovacs. – Schnitt: Stuart H. Pappe. – Musik: Tom O'Horgan; Chansons: »Le vrai scandale, c'est la mort« von Jacques Datin/Antoine Duhamel, »Le rêve est là« von Georges Delerue, gesungen von Jeanne Moreau. – Ausstattung: Audrey Blasdel, Pato Guzman. – Produktion: Metro-Goldwyn-Mayer / Coriander Productions. – Produzent: Larry Tucker. – Länge: 109 M. (Deutsche Fernsehfassung: 105 M.). – Metrocolor. – Uraufführung: 17.12.1970, Los Angeles. – Deutsche Erstaufführung: 28.10.1982, WDR. – Darsteller: Donald Sutherland, Ellen Burstyn, Meg Mazursky, Jeanne Moreau (als sie selbst), Federico Fellini (als er selbst).

Alex ist nach seiner ersten erfolgreichen Filmregie auf der Suche nach einem neuen Stoff. (…) In seiner schöpferischen Verzweiflung flüchtet er sich in Träume; dabei begegnet ihm Federico Fellini, dem sich Alex seelisch und künstlerisch verwandt fühlt. Aber weder seine Träume noch seine Kämpfe mit der Filmwelt Hollywoods können Alex helfen. (Anonym, Süddeutsche Zeitung, 28.10.1982). – Jeanne Moreau begegnet dem von Donald Sutherland gespielten Alex in einem Buchladen und fährt mit ihm in einer Kutsche durch die Straßen von Hollywood.

Comptes à rebours / Conto alla rovescia. Der Boß. – Frankreich / Italien 1970. – Regie: Roger Pigaut. – Buch: André G. Brunelin, Roger Pigaut. – Kamera: Jean Tournier. – Schnitt: Gilbert Narot. – Musik: Georges Delerue. – Ausstattung: Dominique André. – Produktion: Filmel, Paris / Ciné Azimut, Rom. – Produzent: Eugène Lépicier. – Länge: 110 M. (Italienische Fassung: 107 M. / Deutsche Fassung: 98 M.). – Eastmancolor – Premiere Paris: 29.1.1971. – Italienischer Kinostart: 10.4.1971. – Deutscher Kinostart: 5.1.1973. – Darsteller: Serge Reggiani, Michel Bouquet, Simone Signoret, Charles Vanel, Jeanne Moreau, Jean Desailly.

Die Rückkehr eines bislang inhaftierten Gangsters in seine frühere Gesellschaft und sein Bedürfnis, sich für erilltenen Verrat zu rächen, mutet nicht unbedingt neu an; was jedoch immer wieder in französischen Kriminalfilmen besticht, daß ist ganz allgemein die kühle Form der Inszenierung und – im vorliegenden Falle dies vor allem – die überzeugende schauspielerische Interpretation. (…) Der zurückgekehrte Boss wird mit (…) souveräner Gelassenheit von Serge Reggiani gespielt. Als dessen ehemalige Geliebte, die jetzt in anderen, sicheren Händen ist, agiert mit einer ihren Typ verfremdenden Maske voller Zurückhaltung Jeanne Moreau. (V.B. [i.e Volker Baer], Der Tagesspiegel, 5.1.1973)

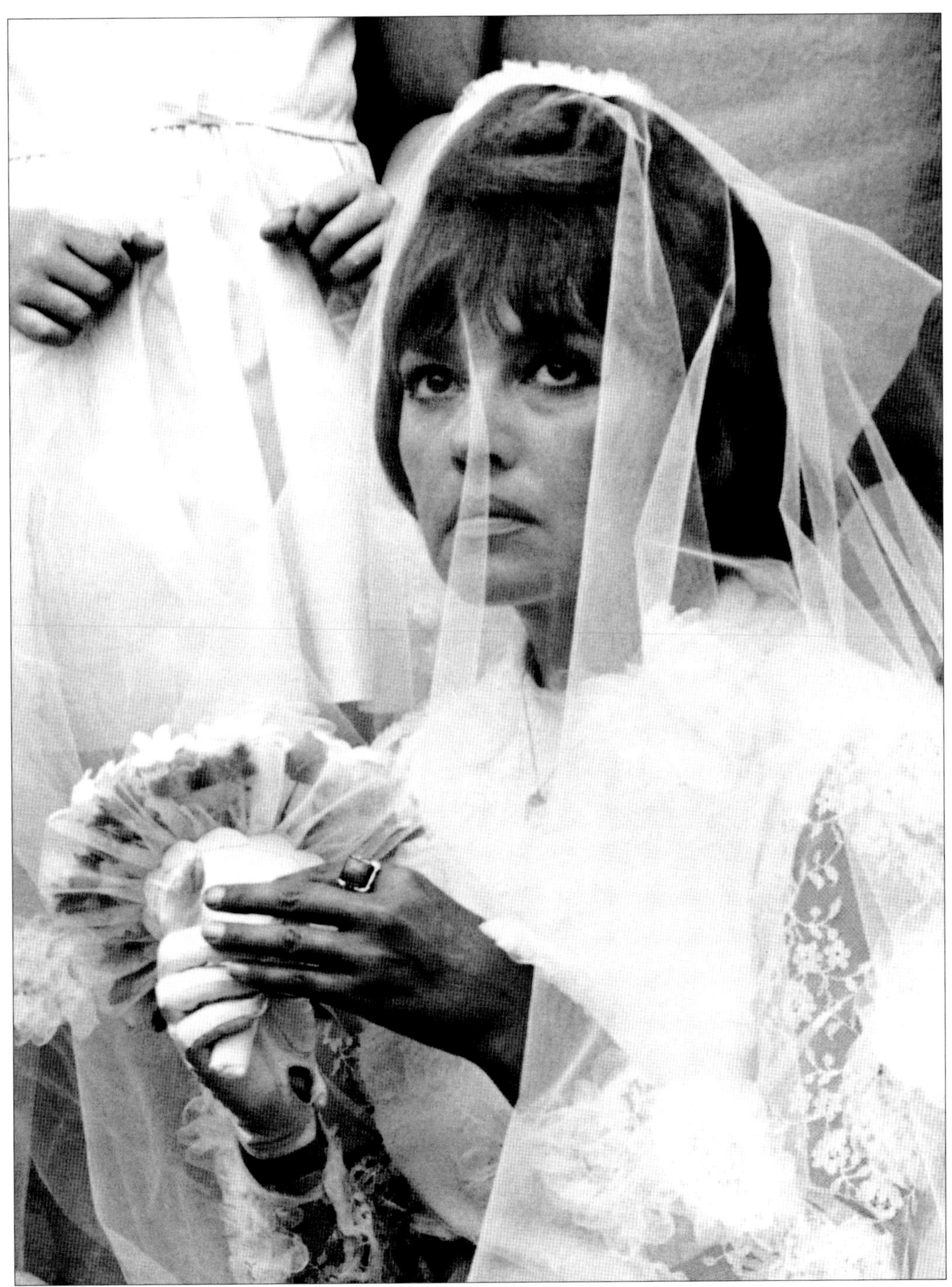

La Mariée était en noir: Jeanne Moreau

L'Humeur vagabonde. – Frankreich 1971. – Regie: Edouard Luntz. – Buch: Edouard Luntz, Jean-Claude Carrière (nach dem Roman »Homonyme« von Antoine Blondin). – Kamera: Jean Badel, Ricardo Aronovitch, Walter Wottitz. – Schnitt: Colette Kouchner, Ragner Van Leyden. – Musik: Eric Demarsan. – Ausstattung: Françoise Winter. – Produktion: Sodor Films / O.R.T.F. – Länge: 80 M. – Eastmancolor. – Uraufführung: September 1971, Internationale Filmfestspiele Venedig. – Premiere Paris: 5.7.1972. – Darsteller: Erick Penet, Michel Bouquet, Jeanne Moreau, Madeleine Renaud, Mirielle Franchino, Margo Lion.

Seine Frau spricht nicht mehr mit ihm, seine Kinder noch nicht, und seine Mutter erdrückt ihn: Benoît (Erick Penet) verläßt die Provinz, um Paris ›zu erobern‹. Trotz einer leidenschaftlichen Affäre mit der schönen und eleganten Myriam (Jeanne Moreau) kehrt er zu seiner Frau zurück – sie fällt tot in seine Arme: ermordet von seiner Mutter (Madeleine Renaud), die ihr seit seiner Abreise nachspioniert hat, um sie bei einem Ehebruch zu ertappen. (Helga Belach in: Renaud-Barrault au Cinéma. Hrsg. von H. B. Berlin: Stiftung Deutsche Kinemathek 1987, S. 75)

Chère Louise / La lunga notte di Louise. Die Affäre. – Frankreich / Italien 1971/72. – Regie: Philippe de Broca. – Buch: Jean-Loup Dabadie, Philippe de Broca (nach der Novelle »L'Ephèbe de Subiaco« von Jean-Louis Curtis). – Kamera: Ricardo Aronovitch. – Schnitt: Françoise Javet. – Musik: Georges Delerue. – Ausstattung: Constantin Mejinsky. – Produktion: P.E.C.F. / Films Ariane, Paris / Champion, Rom / Columbia. – Produzenten: Georges Dancigers, Alexandre Mnouchkine. – Länge: 101 M. (Italienische und Deutsche Fassung: 97 M.). – Eastmancolor. – Uraufführung: 15.5.1972, Internationale Filmfestspiele Cannes. – Premiere Paris: 6.9.1972. – Italienischer Kinostart: 14.7.1973. – Deutscher Kinostart: 16.11.1972. – Darsteller: Jeanne Moreau, Gulian Negulesco, Didi Perego, Yves Robert, Pipo Starnazzo, Lucienne Legrand.

(Der Film ist) ein wunderbar leichtes, zartes, nuancenreiches Gemälde einer ungleichen Liebe geworden. Obwohl das Sujet alternde Frau und junger Liebhaber sich geradezu für ein schleppendes Melodram oder eine zynische, brutale Satire anbietet, schwebt de Broca zwischen den Extremen: Er zeigt Gefühle ohne rührselig zu werden. Er ist ernsthaft ohne schwerfällig zu sein. Er karikiert ohne zu verletzten. (...) Der Film verdankt ebensoviel dem blendenden Spiel der Moreau wie der geistvollen Ironie de Brocas. (Hans Peter Kochenrath, Kölner Stadt-Anzeiger, 24./25.2.1973)

Absences Répétées. – Frankreich 1971/72. – Regie und Buch: Guy Gilles. – Kamera: Philippe Rousselot. – Schnitt: Hélène Viard. – Musik: Jean-Pierre Stora; Chanson »Absences Répétées« von Jeanne Moreau (Text) und Jean-Pierre Stora (Musik), gesungen von Jeanne Moreau. – Produktion: Films du

prisme / Production La Gueville / Gaumont. – Länge: 85 M. – Eastmancolor. – Premiere Paris: 1.11.1972. – Darsteller: Nathalie Delon, Danièlle Delorme, Patrick Penn, Patrick Jouané, Pierre Bertin, Jacques Castelot, Yves Robert, Jeanne Moreau (Gastauftritt).

Nur Jeanne Moreaus Gesicht und ihre Stimme begleiten die Visionen des zweiundzwanzigjährigen François Naulet, der mit Hilfe von Drogen aus der realen Welt entfliehen will, um in seinen Halluzinationen, in der Aufhebung von Raum und Zeit, die Erfüllung zu finden, die ihm sein Dasein als Bankangestellter verweigert. (...) In dem Chanson, das Jeanne Moreau nicht nur sang, sondern auch selbst schrieb, wird das düstere Ende im »Paradis artificiel« vorweggenommen. (Gabriele Lauermann: Jeanne Moreau. Ihre Filme – Ihr Leben. München: Heyne 1989, S. 165)

Joana Francesa. – Brasilien 1973. – Regie und Buch: Carlos Diegues. – Kamera: Dib Lutfi. – Schnitt: Eduardo Escorel. – Musik: Chico Buarque de Holanda, Roberto Menescal. – Ausstattung: Erani Leilœiro. – Produktion: Zoom Cinematográfica. – Produzenten: Nei Sroulevich, Pierre Cardin. – Länge: 110 M. – Farbe. – Uraufführung: 19.5.1973, Internationale Filmfestspiele Cannes (Quinzaine des Réalisateurs). – Darsteller: Jeanne Moreau, Carlos Kroeber, Pierre Cardin, Eliezer Gomes, Lelia Abramo.

Jeanne Moreau spielt Jeanne, eine französische Prostituierte in São Paulo, die von einem Großgrundbesitzer auf dessen Zuckerrohrplantage geholt wird. Nachdem seine Frau gestorben ist, übernimmt Jeanne nach und nach die Leitung der maroden Plantage und paßt sich immer mehr der Dekadenz ihres neuen Umfeldes an.

Nathalie Granger. Nathalie Granger. – Frankreich 1972. – Regie und Buch: Marguerite Duras. – Kamera: Ghislain Cloquet. – Schnitt: Nicole Lubtchansky. – Musik: Marguerite Duras. – Produktion: Luc Moullet & Cie. – Produzent: Luc Moullet. – Länge: 85 M. – Schwarzweiß. – Premiere Paris: 27.9.1973. – Deutsche Erstaufführung: 3.5.1978, SW 3. – Darsteller: Jeanne Moreau, Lucia Bosè, Luce Garcia Ville, Gérard Depardieu, Valérie Mascolo, Marguerite Duras, Nicole Lubtchansky.

Ein Film über zwei Frauen und ein Kind, vollständig im Haus der Duras in Neauphle-le-Château gedreht. Jetzt kommt die Sprache (...) ganz zum Verstummen. Verweigerung der Sprache, passiver Widerstand der Frauen, Widerstand auch gegen das gängige Frauenbild im Film, denn es wird, darin durchaus anknüpfend an die Forderungen des Frauenfilms, ein ungewohntes Bild der Frau gezeigt, die Hausarbeit, die Langsamkeit häuslicher Verrichtungen in Realzeit am Ort der Frauen, wie er wirklich ist. (Marli Feldvoß: Über die Entdeckung der Stimme, das Entstehen der ›Hörbilder‹ und den Absturz des Blicks in die zeitlose Innenwelt. Das Kino der Marguerite Duras. In: Marguerite Duras. Hrsg. von Ilma Rakusa. Frankfurt am Main: Suhrkamp 1988, S. 263)

Je t'aime. Ich liebe dich. – Kanada 1973. – Regie: Pierre Duceppe. – Buch: Pierre Duceppe, Jean Salvy, Alex Pelletier (nach einem Roman von Josef Tengler). – Kamera: René Verzier, Denis Gringras, Jean-Jacques Gervais. – Schnitt: Yves Langlois, Mélanie Gelman. – Musik: Frank Dervieux. – Produktion: Cinevideo Inc., Montréal / Les Productions Mutuelles. – Produzenten: Claude Héroux, Pierre David. – Länge: 90 M. – Farbe. – Uraufführung: 18.1.1974, Montréal. – Deutsche Erstaufführung: 1.9.1979, DFF 1. – Darsteller: Jeanne Moreau, Lionel Villeneuve, Jean Duceppe, Roseline Hoffmann, Jean-René Ouellette, Willie Lamothe.

Jeanne Moreau, die bekannte Pariser Schauspielerin, verkörpert in dem kanadischen Film »Ich liebe dich« die Französin Elisa, die auf einem entfernt gelegenen Bauernhof in freiwilligem Exil lebt. Ihre Einsamkeit wird durchbrochen, als ihre 18jährige Tochter und deren zukünftiger Mann Jerôme erscheinen. Zwischen der um etliche Jahre älteren Elisa und Jerôme entsteht eine Liebesbeziehung, die tragische Folgen hat. (Anonym, Leipziger Volkszeitung, 1.9.1979)

Les Valseuses. Die Ausgebufften. – Frankreich 1973. – Regie: Bertrand Blier. – Buch: Philippe Dumarçay, Bertrand Blier (nach dem gleichnamigen Roman von Bertrand Blier). – Kamera: Bruno Nuytten. – Schnitt: Kenout Peltier. – Musik: Stéphane Grappelli. – Ausstattung: Jean-Jacques Caziot. – Produktion: C.A.P.A.C. / Uranus UPF / SN.Prodis. – Länge: 115 M. – Eastmancolor. – Pariser Premiere: 20.3.1974. – Deutscher Kinostart: 30.8.1974. – Darsteller: Gérard Depardieu, Miou-Miou, Patrick Dewaere, Jeanne Moreau, Brigitte Fossey, Isabelle Huppert.

In rüdem Ton schildert Blier die erotischen und kriminellen Grenzüberschreitungen zweier unbekümmerter Taugenichtse, deren Lebensziel sich darin erschöpft, mit gestohlenen Autos Frauen abzuschleppen. (…) Das Hauptaugenmerk der Regie gilt (…) den pubertären, primitiv-erotischen Betätigungen des Duos: Mit tabubrechender Selbstverständlichkeit saugen sie am Busen stillender Mütter, schnüffeln in der Unterwäsche kleiner Mädchen. Es braucht schon eine Jeanne Moreau, die als abgewrackte Gefängnisentlassene den beiden Halbstarken eine Ahnung von fortgeschrittener Erotik vermittelt. (Bodo Fründt, Kölner Stadt-Anzeiger, 31.8./1.9.1974)

La Race des »seigneurs« / L'arrivista. Jet Set. – Frankreich / Italien 1973/74. – Regie: Pierre Granier-Deferre. – Buch: Pierre Granier-Deferre, Pascal Jardin (nach dem Roman »Creezy« von Félicien Marceau). – Kamera: Walter Wottitz. – Schnitt: Robert Isnardon. – Musik: Philippe Sarde. – Ausstattung: Pierre Guffroy. – Produktion: Films La Boétie / Films Montford / Jupiter Generale Cinematografica, Rom / Italien Picture Assistance, Rom. – Produzent: André Génovès. – Länge: 91 M. (Italienische Fassung: 95 M.). – Eastmancolor. – Premiere Paris: 10.4.1974. – Italienischer Kinostart: 14.8. 1974. – Deutscher Kinostart: 23.5.1975. – Darsteller: Alain Delon, Sydne Rome, Jeanne Moreau, Jean-Marc Bory, Claude Rich, Louis Seigner, Dominique Delpierre.

»Politik ist eine Droge, der keiner wieder entrinnen kann«: Derartige Sätze läßt Regisseur und Autor Pierre Granier-Deferre seine elegant gewandeten Figuren aus dem Pariser Jet-set gleich zu Dutzenden absondern. Es geht um die Trivial-Tragödie eines ehrgeizigen jungen Politikers, dessen steiler Weg nach oben von finsterem Verrat und bitteren Liebeshändeln gezeichnet ist. »Du gehörst zur Rasse der Piranhas«, hält denn auch Jeanne Moreau als einflußreiche Society-Witwe dem eiskalten Aufsteiger vor. (HCB [i.e. Hans-Christoph Blumenberg], Kölner Stadt-Anzeiger, 28./29.2.1976)

Le jardin qui bascule. – Frankreich 1974. – Regie und Buch: Guy Gilles. – Kamera: Jean-François Robin. – Schnitt: Hélène Viard. – Musik: Marc Hilmann, Jean-Pierre Staora; Chanson »Je m'ennuie la nuit sans toi« von Jeanne Moreau (Text) und Guy Boyer (Musik), gesungen von Jeanne Moreau, begleitet von Stéphane Grappelli. – Ausstattung: Guy Gilles. – Produktion: Scorpion V / Off Productions. – Produzenten: Oliver Nouaille, Jean-Marc Ghanassia. – Länge: 80 M. – Eastmancolor. – Premiere Paris: 14.5.1975. – Darsteller: Delphine Seyrig, Patrick Jouané, Samy Frey, Jeanne Moreau, Howard Vernon, Frédéric Mitterrand.

Jeanne Moreau tritt als Sängerin Maria in einem Nachtclub auf.

Souvenirs d'en France. Erinnerungen aus Frankreich. – Frankreich 1974/75. – Regie: André Téchiné. – Buch: André Téchiné, Marilyn Goldin. – Kamera: Bruno Nuytten. – Schnitt: Anne-Marie Deshayes. – Musik: Philippe Sarde. – Ausstattung: Philippe Galland. – Produktion: Stephane Films / Buffalo Films / Renn Productions / Simar Films / Belstar Productions. – Produzentin: Vera Belmont. – Länge: 95 M. – Eastmancolor. – Uraufführung: 18.5.1975, Internationale Filmfestspiele Cannes (Quinzaine des Réalisateurs). – Kinostart Paris: 3.9.1975. – Deutsche Erstaufführung: 18.6.1976, ARD. – Darsteller: Jeanne Moreau, Michel Auclair, Marie-France Pisier, Claude Mann, Orane Demazis.

In einer Kleinstadt im Südwesten Frankreichs hat sich Pedret, Sohn spanischer Einwanderer, vom einfachen Schmied zum Besitzer einer Landmaschinenfabrik hochgearbeitet, die inzwischen von seinen Söhnen betreut wird. Zum eigentlichen Chef des Unternehmens jedoch wird im Lauf der Jahre die Wäscherin Berthe (Jeanne Moreau), zunächst heimliche Geliebte und später Ehefrau des Sohnes Hector. (Wt., Kölner Stadt-Anzeiger, 17.6.1976)

HU-MAN / PLEURS. – Frankreich 1975. – Regie: Jérôme Laperrousaz. – Buch: Jérôme Laperrousaz, Guillaume Laperrousaz, André Ruellan, Francis Guilbert. – Kamera: Jimmy Glasberg. – Schnitt: Noun Serra. – Musik: David Horowitz, Jean Guillou, Patrick Vian, Eric Burdon, Blake. – Ausstattung: Guy Gilles. – Produktion: Romantique Films / O.R.T.F./ Institut National de l'Audiovisuel. – Produzenten: Yves Pauthé, M.F. Mascaro. – Länge: 86 M. – Eastmancolor. – Premiere Paris: 1.10.1975. – Darsteller: Terence Stamp, Jeanne Moreau, Agnès Stévenin, Frédérick Van Pallandt, Frank Schwake.

Jeanne Moreau spielt in diesem Science Fiction-Film, frei nach dem Orpheus-Mythos, Silvana, Mitarbeiterin des Instituts zur Erforschung der Zeit. Sie überredet die Hauptfigur, gespielt von Terence Stamp, an einem Zeitreise-Experiment teilzunehmen.

LUMIÈRE. Im Scheinwerferlicht. – Frankreich 1975/76. – Regie und Buch: Jeanne Moreau. – Kamera: Ricardo Aronovitch. – Schnitt: Albert Jurgenson. – Musik: Astor Piazzola. – Ausstattung: Raoult Albert. – Produktion: Orphée Arts, Paris / FR 3. – Länge: 95 M. – Eastmancolor. – Premiere Paris: 24.3.1976. – Deutsche Erstaufführung: 9.10.1976, Internationale Filmwoche Mannheim. – Deutsche Erstausstrahlung: 26.8.1977, ARD. – Darsteller: Jeanne Moreau, Francine Racette, Lucia Bosè, Bruno Ganz, François Simon, Keith Carradine, Jérôme Laperrousaz.

Das Leben und die enge Beziehung untereinander von vier Schauspielerinnen zeigt der Film. Er beginnt mit einem gemeinsamen Wochenende in einem Landhaus: zwangloses Plaudern, so leicht und behutsam inszeniert, wie das vielleicht nur eine Frau konnte. Über weite Strecken erscheint der Film selbst wie ein solch unbeschwertes, unkompliziertes Erzählen seiner Autorin. Diese angenehme Selbstverständlichkeit und die konsequent durchgehaltene Distanz sind jedoch das Ergebnis langer Arbeit: Das Projekt ist zehn Jahre alt, vom Buch gibt es fünf Fassungen, die intensive Arbeit am Stoff dauerte drei Jahre. Eine sympathische Leichtigkeit hat der Film, ein großes Ensemble überzeugender Schauspieler und, immer wieder, das alte, ganz junge, schöne Gesicht von Jeanne Moreau. (Wolf Donner, Die Zeit, 26.8.1977)

MONSIEUR KLEIN / M. KLEIN / MR. KLEIN. Monsieur Klein. – Frankreich / Italien 1975/76. – Regie: Joseph Losey. – Buch: Franco Solinas, Joseph Losey. – Kamera: Gerry Fisher. – Schnitt: Henri Lanoë. – Musik: Egisto Macchi, Pierre Porte. – Ausstattung: Alexandre Trauner, Pierre Charon, Pierre Duquesne. – Produktion: Lira-Films / Adel Productions / Nova Films / Mondial Te-Fi Televisione, Rom. – Produzenten: Raymond Danon, Alain Delon, Robert Kupferberg. – Länge: 123 M. – Eastmancolor, Breitwand. – Uraufführung: 23.5.1976, Internationale Filmfestspiele Cannes. – Premiere Paris: 27.10.1976. – Italienischer Kinostart: 23.9.1976. – Kinostart DDR: 7.10.

1977. – Erstaufführung in der BR Deutschland: 14.10.1978, ARD. – Darsteller: Alain Delon, Jeanne Moreau, Suzanne Flon, Michel Lonsdale, Juliet Berto, Francine Bergé, Massimo Girotti.

Robert Klein aus Straßburg, Kunsthändler in Paris, begibt sich auf die Suche nach dem anderen Robert Klein, dem Juden, für den er gehalten wird. Und immer mehr wird er dabei auf seine eigene Telefonnummer, seine eigene Adresse verwiesen, auf sich selbst. Weniger die Folgen interessieren ihn, die es unweigerlich hat, Jude zu sein im Paris des Jahres 1942; vielmehr interessiert es ihn, die Zusammenhänge aufzuklären, den anderen Monsieur Klein zu finden. Dieser andere ist ihm ähnlich: er sieht ähnlich aus, hat denselben Gang, liest dieselben Bücher. Robert Klein sucht nach sich selbst, nach seiner eigenen Identität. (Klaus Eder, Frankfurter Allgemeine Zeitung, 16.10.1978). – Jeanne Moreau spielt die undurchsichtige Schloßherrin Florence, von der Robert Klein einen Brief erhält und daraufhin hofft, Informationen über seinen Namensvetter zu bekommen. Er bekommt von ihr aber lediglich seine eigene Adresse und für ihn unbrauchbare Informationen.

THE LAST TYCOON. Der letzte Tycoon. – USA 1976. – Regie: Elia Kazan. – Buch: Harold Pinter (nach dem gleichnamigen Roman von F. Scott Fitzgerald). – Kamera: Victor J. Kemper. – Schnitt: Richard Marks. – Musik: Maurice Jarre. – Ausstattung: Jean Callahan. – Produktion: Paramount Academy / Horizon. – Produzent: Sam Spiegel, Elia Kazan. – Länge: 122 M. – Technicolor, Panavision. – Release USA: November 1976. – Deutscher Kinostart: 11.3.1977. – Darsteller: Robert De Niro, Tony Curtis, Robert Michum, Jeanne Moreau, Jack Nicholson, Donald Pleasance, Ray Milland.

Man wird eingeladen, den Untergang eines Mannes aus der Ferne zu beobachten. (...) Wie alle Filme von Elia Kazan ist auch DER LETZTE TYCOON ein Schauspielerfilm. Um Robert De Niro hat der Regisseur ein Ensemble gruppiert, wie man es selten im Kino zu sehen bekommt. (...) Die mörderische Gelassenheit grau gewordener Hollywood-Veteranen (...) kontrastiert wirkungsvoll zu den exhibitionistischen Übungen von Tony Curtis und Jeanne Moreau, die Kazan nicht ohne Ironie als alternde Super-Stars einsetzt. (Hans C. Blumenberg, Die Zeit, 18.3.1977)

L'ADOLESCENTE / MÄDCHENJAHRE. – Frankreich / BR Deutschland 1978. – Regie: Jeanne Moreau. – Buch: Henriette Jelinek, Jeanne Moreau. – Kamera: Pierre Gautrad. – Schnitt: Albert Jurgenson, Colette Leloup. – Musik: Philippe Sarde. – Ausstattung: Noëlle Galand. – Produktion: Carthago Films, Paris / Philippe Dussart S.r.L./ Janus Film, Frankfurt am Main / E.F.C. / SWF, Baden-Baden. – Produzent: Philippe Dussart. – Länge: 90 M. – Eastmancolor. – Premiere Paris: 24.1.1979. – Deutsche Erstaufführung: 25.2.1979, Internationale Filmfestspiele Berlin, Zoo-Palast. – Deutsche Erstausstrahlung: 15.4.1981, ARD. – Kinostart DDR: 18.12.1981. – Darsteller: Laetitia Chauveau, Simone Signoret, Edith Clever, Jacques Weber, Hugues Quester, Michel Blanc, Jeanne Moreau (Off-Stimme).

Die Moreau schildert mit viel Feingefühl diesen eigentümlichen Schwebezustand zwischen Kindheit und Erwachsenwerden, bettet ihn in das geruhsame, von Daseinslust und auch Widrigkeiten geprägte Dorfleben. Doch sie zeichnet keine Idylle: Die Schatten eines baldigen Krieges lasten auch auf der abgeschiedenen Ortschaft (...). Jeanne Moreau läßt die Frauen dreier Generationen von ihrer großen Kollegin Simone Signoret, von der schönen Edith Clever und der anmutig-natürlichen Laetitia Chauveau spielen. Drei Glanzpunkte in einem leisen, einem hinreißenden Film. (hdt (i.e. Hans Dieter Tok), Leipziger Volkszeitung, 16./17.1.1982)

AU-DELÀ DE CETTE LIMITE, VOTRE TICKET N'EST PLUS VALABLE / YOUR TICKET IS NO LONGER VALID (auch: FINISHING TOUCH). Lust auf Sex. – Kanada 1979/80. – Regie: Georges Kaczender. – Buch: Ian McClellan-Hunter, Leila Basen (nach dem gleichnamigen Roman von Romain Gary). – Kamera: Miklos Lente. – Schnitt: Peter Wintonick. – Musik: Michel Legrand. – Ausstattung: Claude Bonniere. – Produktion: RSL Production, Montréal. – Produzenten: Robert Lantos, Stephen J. Roth. – Länge: 95 M. – Eastmancolor. – Premiere Kanada: Herbst 1980. – Deutsche Erstaufführung: 22.8.1992, RTL Plus. – Darsteller: Richard Harris, Jennifer Dale, George Peppard, Jeanne Moreau, Winston Rekert, Alexandra Stewart, Peter Hutt.

Mit 60 Jahren gerät ein amerikanischer Geschäftsmann in eine tiefe Krise, und der Zerfall seines Finanzimperiums belastet auch sein bislang aktives und abwechslungsreiches Sexualleben. Ein Besuch bei seiner jungen Geliebten in Paris spitzt die Probleme zu: ein Arzt diagnostiziert bevorstehende Impotenz, ein Einbrecher dringt in seine Wohnung ein. In seiner Verzweiflung wendet er sich an eine alte Freundin, eine Bordellbesitzerin. (Lexikon des internationalen Films, Reinbek bei Hamburg: Rowohlt 1995). – Jeanne Moreau ist die Bordellbesitzerin Lili, die dem Protagonisten behilflich ist, den Einbrecher zu finden, den er sich als Ersatzliebhaber für seine junge Geliebte auserkoren hat.

PLEIN SUD / HUIDA HACIA EL SUR (LA DESBANDADA). – Frankreich / Spanien 1980/81. – Regie: Luc Béraud. – Buch: Luc Béraud, Claude Miller – Kamera: Bernard Lutic. – Schnitt: Joelle Van Effenterre. – Musik: Eric Demarsan. – Ausstattung: Jose Rossel. – Produktion: Cinéproduction / Gaumont, Paris / Films Dara, Madrid. – Produzenten: Lise Fayolle, Giorgio Silvagni. – Länge: 90 M. – Farbe. – Premiere Paris: 29.4.1981. – Spanischer Kinostart: 10.9.1981. – Darsteller: Patrick Dewaere, Clio Goldsmith, Guy Marchant, Jeanne Moreau.

Jeanne Moreau spielt in einer Nebenrolle die überspannt-launenhafte Hélène, die dem Protagonisten bei einem Betrug hilft, indem sie sich als seine Tante ausgibt.

MILLE MILLARDS DE DOLLARS. Tausend Millarden Dollar. – Frankreich 1981/82. – Regie und Buch: Henri Verneuil. – Kamera: Jean-Louis Picavet. – Schnitt: Pierre Gillette. – Musik: Philippe Sarde. – Ausstattung: Jacques Saulnier. – Produktion: V Films / SFPC / Films Antenne 2. – Produzent: Henri Verneuil. – Länge: 132 M. – Farbe. – Premiere Paris: 10.2.1982. – Deutsche Erstaufführung: 12.2.1982, Internationale Filmfestspiele Berlin, Zoo-Palast. – Bundesdeutscher Kinostart: 27.5.1982. – Kinostart DDR: 9.12.1983. – Darsteller: Patrick Dewaere, Caroline Cellier, Michel Auclair, Charles Denner, Jeanne Moreau, Mel Ferrer, Jean-Pierre Kalfon.

Henri Verneuil hat die Realität gigantisch dimensionierter multinationaler Unternehmen weitergedacht: Was ist, wenn sich die Giganten noch enger zusammenschließen, wenn ein Multi den anderen schluckt, bis – konsequent zu Ende spekuliert – ein einziger Über-Multi das wirtschaftliche und damit auch politische Geschehen des Globus bestimmen kann? (Reinhold Jacobi, Film-Dienst, Nr. 7, 7.4.1982). – Jeanne Moreau hat einen kurzen Auftritt als eine dem Alkohol verfallene, verlassene Frau eines Politikers.

QUERELLE – EIN PAKT MIT DEM TEUFEL / QUERELLE. – BR Deutschland / Frankreich 1982. – Regie: Rainer Werner Fassbinder. – Buch: Rainer Werner Fassbinder, Burkhard Driest (nach dem Roman »Querelle de Brest« von Jean Genet). – Kamera: Xaver Schwarzenberger. – Schnitt: Franz Walsch (i.e. Rainer Werner Fassbinder), Juliane Lorenz. – Musik: Peer Raben; Lieder: »Each Man Kills the Thing He Loves«, »Men Are at Peace« von Oscar Wilde (Text) und Peer Raben / David Ambach (Musik), gesungen von Jeanne Moreau. – Ausstattung: Rolf Zehetbauer. – Produktion: Planet Film, München / Gaumont, Paris. – Produzent: Dieter Schidor, Sam Waynberg. – Länge: 106 M. – Farbe, CinemaScope. – Uraufführung: 31.8.1982, Internationale Filmfestspiele Venedig. – Deutscher Kinostart: 17.9.1982. – Premiere Paris: 8.9.1982. – Darsteller: Brad Davis, Franco Nero, Jeanne Moreau, Laurent Malet, Hanno Pöschl, Burkhard Driest, Günther Kaufmann, Dieter Schidor.

Fassbinder hat nie viel mit seinen Schauspielern geredet. Zu Jeanne Moreau, der er mit einer gewissen Scheu begegnete, soll er nur gesagt haben: »Just be great«, was ja nicht die präziseste aller Regie-Anweisungen ist. Von Madame Lysiane, der Bordellwirtin, heißt es bei Genet: »Sie war nobel, stolz, herrlich. Geschützt von Sonne und Sternen, Spielen und Träumen – aber von ihrer eigenen Sonne, von ihren Spielen und Träumen genährt –, reckte sie sich auf den Louis XV-Absätzen ihrer Pantöffelchen ... Die Zeit hatte Madame Lysiane geformt, sie war schön.« In QUERELLE herrscht Jeanne Moreau über ihren billigen Salon der Lüste mit den Gesten einer Königin. Sie singt davon, daß jeder Mann tötet, was er liebt (...). (Hans-Christoph Blumenberg, Die Zeit, 17.9.1982)

La Truite / The Trout. Eine Frau wie ein Fisch. – Frankreich 1982. – Regie: Joseph Losey. – Buch: Monique Lange, Joseph Losey (nach dem gleichnamigen Roman von Roger Vailland). – Kamera: Henri Alekan. – Schnitt: Marie Castro-Vasquez. – Musik: Richard Hartley. – Ausstattung: Alexandre Trauner. – Produktion: Gaumont / Partner's Production / TF 1 Productions / SFPC. – Produzent: Yves Rousset-Rouard. – Länge: 105 M. (Deutsche Fernsehfassung: 98 M.). – Fujicolor, Panavision. – Uraufführung: 4.9.1982, Internationale Filmfestspiele Venedig. – Premiere Paris: 22.9.1982. – Deutsche Erstaufführung: 3.12.1989, ZDF. – Darsteller: Isabelle Huppert, Jean-Pierre Cassel, Jeanne Moreau, Daniel Olbrychski, Jacques Spiesser, Isao Yamagata, Joseph Losey.

Erzählt wird die Geschichte eines Mädchens vom Lande, das in die große Stadt kommt, dort in Kontakt mit der Welt der reichen und erfolgreichen Geschäftsleute kommt. Die Herren, einigermaßen gelangweilt von jenem Frauentypus, den die besseren Kreise gebären, zeigen sich fasziniert von der Unschuld vom Lande, von deren mangelnder Verführbarkeit (…). (Michael Schwarze, Frankfurter Allgemeine Zeitung, 7.9.1992). – Jeanne Moreau ist die Ehefrau eines alternden Spekulanten, der durch das Mädchen um den Verstand gebracht wird und seine Frau tötet.

Lillian Gish. – Frankreich 1983/84. – Regie: Jeanne Moreau. – Kamera: Thomas Hurwitz, Pierre Gautard, Dyanna Taylor, Jean-Pierre Blanc. – Schnitt: Noëlle Boisson. – Musik: Roland Romanelli. – Produktion: Capelle Films. – Produzenten: Jeanne Moreau, Klaus Hellwig. – Länge: 56 M. – Farbe und Schwarzweiß. – Uraufführung: 16.7.1984, Filmex Los Angeles. – Deutsche Erstaufführung: 7.10.1986, Nord 3.
Porträt der amerikanischen Schauspielerin Lillian Gish.

Le Paltoquet. Der Tölpel. – Frankreich 1986. – Regie: Michel Deville. – Buch: Michel Deville (nach dem Roman »On a tué pendant l'escale« von Franz-Rudolf Falk). – Kamera: André Diot. – Schnitt: Raymonde Guyot. – Musik: Anton Dvořák, Leos Janáček. – Ausstattung: Thierry Leproust. – Produktion: Erato Films / Eléfilm Soprofilms / TF 1 Films Productions / Sofia / Sofima / C.N.C. – Produzent: Daniel Toscan du Plantier. – Länge: 92 M. – Eastmancolor. – Uraufführung: 21.7.1986, Pale Filmfestival. – Französischer Kinostart: 13.8.1986. – Deutsche Erstaufführung: 12.7.1999, arte. – Darsteller: Fanny Ardant, Daniel Auteuil, Richard Bohringer, Philippe Léotrard, Michel Piccoli, Jeanne Moreau, Jean Yanne.

Jeanne Moreau spielt in diesem surrealen Film, der zum größten Teil in einer stilisierten Theaterkulisse gedreht wurde, eine seltsame Bardame, die ständig ihr Aussehen, ihre Kostüme und ihre Requisiten verändert und das skurrile Geschehen in der Bar mit bissigen Bemerkungen kommentiert.

Sauve-toi Lola / Run For Your Life, Lola. – Frankreich / Kanada 1986. – Regie: Michel Drach. – Buch: Jacques Kirsner, Michel Drach (nach dem gleichnamigen Roman von Ania Francos). – Kamera: Robert Alasraki. – Schnitt: Henri Lanoë. – Musik: Lewis Furey. – Ausstattung: Nicole Rachline. – Produktion: Onyx Productions / Films Antenne 2 / Cinépix / CNC / Sofimage / Sofica Conseil / Gestimage. – Produzenten: Gabriel Boustani, André Link. – Länge: 107 M. – Farbe. – Premiere Paris: 3.9.1986. – Kanadische Erstaufführung: 3.10.1986, Québec. – Darsteller: Carole Laure, Sami Frey, Jeanne Moreau, Julien Drach.

Der Film handelt von sieben Frauen, die jede auf ihre Weise versuchen, mit der Krankheit Krebs fertig zu werden. Jeanne Moreau spielt eine der Frauen, die ihre Krankheit dazu nutzt, ihrer bourgeoisen Umwelt einen Spiegel ihrer Doppelmoral vorzuhalten.

Le Miraculé. Das Wunder des Papu. – Frankreich 1986. – Regie: Jean-Pierre Mocky. – Buch: Jean-Pierre Mocky, Jean-Claude Romer, Patrick Granier. – Kamera: Marcel Combes. – Schnitt: Jean-Pierre Mocky, Bénédicte Teiger. – Musik: Jorge Arriagada, Michael Nyman. – Ausstattung: Patrice Renault, Jean-Claude Sevenet, Etienne Mery, Jacques Moiteaux. – Produktion: Initial Groupe / Koala Films / FR 3 Films / Cofimage. – Produzent: Bernard Bourgade. – Länge: 90 M. (Deutsche Fernsehfassung: 81 M.). – Premiere Paris: 18.2.1987. – Deutsche Erstaufführung: 23.2.1987, Internationale Filmfestspiele Berlin, Zoo-Palast. – Deutsche Erstausstrahlung: 21.7.1995, ARD. – Darsteller: Michel Serrault, Jean Poiret, Jeanne Moreau, Sylvie Joly, Roland Blanche.

Jeanne Moreau spielt in dieser Groteske eine ehemalige Prostituierte, die zur Betschwester geworden ist und nun einen Simulanten zu dessen Heilung nach Lourdes begleitet. Ein vermeintlich stummer Versicherungsagent ist ihnen auf den Fersen.

Hotel Terminus – Klaus Barbie, his Life and Times. Hotel Terminus – Leben und Zeit des Klaus Barbie. – USA 1985–88. – Regie und Buch: Marcel Ophuls. – Kamera: Michael Davies, Pierre Boffety, Reuben Aaronson, Wilhelm Rosing, Lionel Legros, Daniel Chabert, Paul Gonnon. – Schnitt: Albert Jurgenson, Catherine Zins. – Musik: Wiener Sängerknaben, Fred Astaire, Fats Waller, Hannes Wader. – Produktion: The Memory Pictures Co. – Produzent: Marcel Ophuls. – Länge: 267 M. – Farbe und Schwarzweiß. – Uraufführung: 18.5.1988, Internationale Filmfestspiele Cannes. – Deutsche Erstaufführung: 19.2.1989, Internationales Forum des Jungen Films, Berlin, Delphi-Filmpalast. – Deutscher Kinostart: 6.4.1989. – Sprecher: Marcel Ophuls, Jeanne Moreau.

Dokumentarfilm über Klaus Barbie, den »Schlächter von Lyon«.

Le Paltoquet: Jeanne Moreau

Jour après jour. – Frankreich 1989. – Regie: Alain Attal. – Buch: Alain Attal. – Kamera: Georges Basky. – Schnitt: Eva Zora. – Musik: Didier Lockwood. – Ausstattung: Bob Rosenthal. – Produktion: Carlito Company / Télégrip Production. – Produzenten: Laurent Taieb, Alain Attal. – Länge: 95 M. – Farbe. – Premiere Paris: 15.2.1989. – Darsteller: Jacques Penot, Pierre-Loup Rajot, Gérard Blain, Jeanne Moreau, Sandrine Caron, Féodor Atkine.

Zwei Freunde, aufgeschreckt durch den Tod ihres besten Freundes, wollen endlich etwas aus ihrem Leben machen. Bei ihren ersten Schritten in die Geschäftswelt soll ihnen der Milliardär Richard etwas behilflich sein. – Jeanne Moreau spielt eine Frau, die den Männern »auf die Sprünge« hilft.

Undergångens Arkitektur. Architektur des Untergangs. – Schweden 1989. – Regie: Peter Cohen. – Buch: Peter Cohen. – Kamera: Mikael Cohen, Gerhard Fromm, Peter Östlund. – Schnitt: Peter Cohen. – Musik: Richard Wagner, Hector Berlioz, Sven Ahlin, Peter Cohen. – Produktion: Poj Filmproduktion AB / Svenska Filminstitutet / Sandrew Film & Teater AB / Sveriges Television Kanal 1. – Produzent: Peter Cohen. – Länge: 123. – Schwarzweiß und Farbe. – Uraufführung: 13.10.1989, Stockholm. – Deutsche Erstaufführung: 24.6.1990, Filmfest München, Kino im Gasteig. – Deutscher Kinostart: April 1991. – Sprecherin der französichen Fassung: Jeanne Moreau. – Sprecher der deutschen Fassung: Bruno Ganz.

Dokumentarfilm über Architektur im Nationalsozialismus.

Nikita. Nikita. – Frankreich / Italien 1990. – Regie: Luc Besson. – Buch: Luc Besson (in Anlehnung an einen Roman von Gérard de Villiers). – Kamera: Thierry Arbogast. – Schnitt: Oliver Mauffroy. – Musik: Eric Serra. – Ausstattung: Dan Weil. – Produktion: Gaumont, Paris / Cecchi Gori Group / Tiger Cinematografica, Rom. – Produzent: Jérome Chalou. – Länge: 114 M. – Eastmancolor, Technovision, CinemaScope. – Kinostart Paris: 21.2.1990. – Italienischer Kinostart: 17.8.1990. – Deutsche Premiere (der französischen Originalfassung): 17.6.1990, Filmfest München, Kino im Gasteig. – Deutscher Kinostart: 28.6.1990. – Darsteller: Anne Parillaud, Jean-Hugues Anglade, Tchéky Karyo, Jeanne Moreau, Jean Reno.

Jeanne Moreau ist in drei kurzen Auftritten als Amande, Ausbilderin und Anstandsdame von Nikita, zu sehen. Sie lehrt die Polizistenmörderin, die zur Geheimagentin ausgebildet werden soll, die »Macht der Weiblichkeit und die Möglichkeit sie zu benutzen«. Sie bringt ihr bei, sich entsprechend zu schminken und zu lächeln, denn: »Ein kleines Lächeln ist wie das Streicheln an der Oberfläche der Haut.«

Alberto Express. Alberto und die Tradition. – Frankreich 1990. – Regie: Arthur Joffé. – Buch: Arthur Joffé, Jean-Louis Benôit, Christian Billette. – Kamera: Philippe Welt. – Schnitt: Marie Castro-Bréchignac. – Musik: Angélique Nachon, Jean-Claude Nachon. – Ausstattung: Bernard Vezat. – Produktion: AFC / Ciné Cinq / Sofinergie / Investimage / CNC. – Produzent: Maurice Bernart. – Länge: 90 M. – Farbe. – Uraufführung: 29.8.1990, Montréal (World Film Festival). – Kinostart Paris: 5.9.1990. – Deutsche Erstaufführung: 17.7.1994, premiere. – Deutsche Free-TV-Premiere (unter dem Titel »Her mit dem Zaster«): 12.10.1995, Pro7. – Darsteller: Sergio Castellitto, Nino Manfredi, Marie Trintignant, Jeanne Moreau, Marco Messeri, Michel Aumont, Dennis Goldson.

Ein arbeitsloser Italiener, der in Paris lebt, erinnert sich kurz vor der Niederkunft seiner Frau an eine Familientradition, derzufolge ein Sohn, wenn er selbst Vater wird, an die Eltern zurückzahlen muß, was sie für ihn aufgebracht haben. Im Nachtzug nach Rom bestiehlt er im Bemühen, die Riesensumme zusammenzubekommen, wahllos die Mitreisenden und trifft dabei allerlei skurrile Zeitgenossen (...). (Lexikon des internationalen Films, Reinbek bei Hamburg: Rowohlt 1995). – Jeanne Moreau ist eine der Mitreisenden. In einem kurzen Auftritt spielt sie eine exzentrische Baronin.

La Femme fardée. – Frankreich 1990. – Regie: José Pinheiro. – Buch: Frédéric Fajardie, Jacques Cortal, Jean-Jacques Pauvert, Lou Inglebert, José Pinheiro (nach dem gleichnamigen Roman von Françoise Sagan). – Kamera: Raoul Coutard. – Schnitt: Claire Pinheiro. – Musik: Mimis Plessas, Jean-Marie Sénia. – Ausstattung: Théobald Meurisse. – Produktion: ATC 3000 / S.G.G.C. – Produzenten: Jean-Bernard Fetoux, Benjamin Simon. – Länge: 105 M. – Farbe. – Kinostart Paris: 7.11.1990. – Darsteller: Jeanne Moreau, Jacqueline Maillan, André Dussollier, Laura Morante, Anthony Delon, Désirée Nosbusch, Balduin Baas.

Jeanne Moreau spielt eine berühmte Sängerin, die sich auf einer Kreuzfahrt im Mittelmeer in einen jungen Gigolo verliebt.

Anna Karamasoff / Anna Karamazova. – Frankreich / UdSSR 1989. – Regie und Buch: Rustam Khamdamov. – Kamera: Yuri Klimenko. – Schnitt: Irina Brozkovskaya. – Musik: Alexander Vustin. – Produktion: Mosfilm / Victoria Film Production / Parimedia / Union Generale Cinematografique. – Produzent: Serge Silberman. – Co-Produzentin: Jeanne Moreau. – Länge: 113 M. – Farbe und Schwarzweiß. – Uraufführung: 15.5.1991, Internationale Filmfestspiele Cannes. – Darsteller: Jeanne Moreau, Natasha Eble, Victor Siblilyov, Elena Solovei, Yuri Solomine, Natalia Fateeva.

Jeanne Moreau spielt in diesem von ihr mitproduzierten Film eine Frau, die 1940 aus einem russischen Arbeitslager zurück nach Leningrad kommt. Sie findet sich in der Welt des sowjetischen Sozialismus unter Stalin nicht mehr zurecht, wird zur Diebin und Mörderin.

Le Pas suspendu de la cigogne / To meteoro bima tou pelargou / Der schwebende Schritt des Storches / Il Passo sospeso della cicogna. Der schwebende Schritt des Storches. – Frankreich / Griechenland / Schweiz / Italien 1991. – Regie: Theo Angelopoulos. – Buch: Tonino Guerra, Theo Angelopoulos, Petros Markaris. – Kamera: Giorgos Arvanitis, Andreas Sinanos. – Schnitt: Giannis Tsitsopoulos. – Musik: Eleni Karaindrou. – Ausstattung: Achileas Staikos, Mikes Karapiperis. – Produktion: Arena Films, Paris / Theo Angelopoulos Production / Greek Filmcentre, Athen / VEGA-Film, Zürich / ERRE-Produzioni, Rom. – Produzenten: Theo Angelopoulos, Bruno Pesery. – Länge: 140 M. – Farbe. – Uraufführung: 18.5.1991, Internationale Filmfestspiele Cannes. – Premiere Paris: 4.12.1991. – Schweizer Kinostart: Dezember 1991. – Italienischer Kinostart: 21.5.1993. – Deutsche Erstaufführung: 10.2.1992, Frankfurt am Main, Kommunales Kino. – Kinostart: 25.12. 1992. – Darsteller: Marcello Mastroianni, Jeanne Moreau, Gregory Karr, Dora Chrysikou, Ilias Logothetis.

Viele Spuren führen vom (…) Film des Griechen Theo Angelopoulos zum Werk des Italieners Antonioni: Das Paar, das in La Notte an einem Endpunkt angelangt war, Marcello Mastroianni und Jeanne Moreau, begegnet sich in Der schwebende Schritt des Storches wieder. Mastroianni spielt den verschwundenen Autor, Moreau seine einstige Frau, die ihren Mann längst totgesagt hat und beim Wiedersehen feststellt: »Das ist er nicht.« (H.G. Pflaum, Süddeutsche Zeitung, 15.5. 1993)

La Vieille qui marchait dans la mer. Die Dame, die im Meer spazierte. – Frankreich 1990/91. – Regie: Laurent Heynemann. – Buch: Dominique Roulaet (nach dem gleichnamigen Roman von San Antonio [i.e. Frédéric Dard]). – Kamera: Robert Alazraki. – Schnitt: Jacques Comets. – Musik: Philippe Sarde. – Ausstattung: Valerie Grall. – Produktion: Blue Dahlia Production / Société Financière de Coproduction / Films A 2 / Little Bear / J.M. Production. – Produzent: Gérard Jourd'hui. – Länge: 97 Min. – Farbe. – Uraufführung: 9.9.1991, Toronto Film Festival. – Kinostart Paris: 18.9.1991. – Deutsche Erstaufführung: 26.3.1992. – Darsteller: Jeanne Moreau, Michel Serrault, Luc Thullier, Géraldine Danon, Jean Bouchaud.

Jeanne Moreau ist großartig, ob sie nun in grellbunter Kostümierung durchs Wasser spaziert und genüßlich Sarkasmen verspritzt oder sich scheinbar ungerührt dem Altern stellt und dabei allein mit ihren Augen unsäglichen Schmerz und Lebenslust »spielt«. (…) Bei näherem Hinsehen drängt sich allerdings der Eindruck auf, als habe der Regisseur die ganze Ambivalenz und Abgründigkeit der Hauptfigur nicht erfaßt (oder nicht erfassen wollen). Da hebt der Film allzu einseitig auf die gewitzt-offenherzige Seite der »alten Schlampe« ab, die mit Kraftausdrücken schockiert und sexuelle Fantasien (eigene und fremde) öffentlich kundgibt. (Stefan Lux, Film-Dienst, Nr. 6, 17.3.1992)

Bis ans Ende der Welt / Jusqu'au bout du monde / Until the End of the World. – BR Deutschland / Frankreich / Australien 1990/91. – Regie: Wim Wenders. – Buch: Peter Carey, Wim Wenders (nach einer Originalidee von Wim Wenders und Solveig Dommartin). – Kamera: Robby Müller. – Schnitt: Peter Przygodda. – Musik: Graeme Revell, Talking Heads, R.E.M., Lou Reed, Nick Cave, Can, U2. – Ausstattung: Thierry Flamand, Sally Campbell. – Produktion: Road Movies Filmproduktion, Berlin / Argos Film S.A., Paris / Village Roadshow Pictures PTY, Sydney. – Produzenten: Anatole Dauman, Jonathan Taplin, Wim Wenders. – Länge: 179 M. (Englische Fassung: 150 M.; Lange Fassung 1997: 315 M.) – Farbe. – Uraufführung: 10.9.1991, Berlin, Zoo Palast. – Deutscher Kinostart: 12.9.1991. – Kinostart Paris: 23.10.1991. – Uraufführung der 150 M.-Fassung: 13.6.1992, Melbourne International Film Festival. – Uraufführung der 315 M.-Fassung: 27.10.1997, Frankfurt am Main, Kommunales Kino. – Darsteller: Solveig Dommartin, Chick Ortega, Eddy Mitchell, Ernie Dingo, William Hurt, Rüdiger Vogler, Jeanne Moreau, Max von Sydow.

In Australien, in der Welt des Dr. Faber (Max von Sydow) und seiner Frau Edith (Jeanne Moreau), treffen alle Figuren, die die Erzählung bis dahin aufgelesen hat, wieder zusammen (…). Jetzt müßte die andere, die eigentliche Geschichte beginnen: Eine Blinde erfährt das Wunder des Sehens. Aber der Film stockt, eine merkwürdige halbe Stunde lang. Er versucht die vielen Gesichter zu einem Gruppenbild zu vereinen. Es gelingt ihm nicht. (…) Aber es ist schön, Jeanne Moreau und Max von Sydow wiederzusehen, die zwei Menschen am Ende ihres Weges spielen, ein Paar, das sich aus der Alten in die Neue Welt und schließlich an den letzten, fernsten Ort der Erde gerettet hat. (Andreas Kilb, Die Zeit, 12.9.1991). – Der Schock des Sehens bringt Jeanne Moreau drehbuchgerecht um. Vorher jedoch hat sie wunderbarerweise, rigoros und ergreifend, den Film an sich gerissen, die Kamera auf ihr Gesicht gebannt (…). (Brigitte Desalm, Kölner Stadt-Anzeiger, 15.9.1991)

L'Amant / The Lover. Der Liebhaber. – Frankreich / Großbritannien 1991. – Regie: Jean-Jacques Annaud. – Buch: Gérard Brach, Jean-Jacques Annaud (nach dem gleichnamigen Roman von Marguerite Duras). – Kamera: Robert Fraisse. – Schnitt: Noëlle Boisson. – Musik: Gabriel Yared. – Ausstattung: Thanh At Hoang. – Produktion: Renn Productions / Burrill Productions / Films Antenne 2. – Produzent: Claude Berri. – Länge: 112 M. – Farbe. – Premiere Paris: 22.1.1992. – Premiere London: 19.6.1992. – Deutscher Kinostart: 26.3.1992. – Darsteller: Jane March, Tony Leung, Frédérique Meininger, Arnaud Giovaninetti, Melvil Poupaud, Lisa Faulkner. – Erzählstimme in der französischen und englischen Fassung: Jeanne Moreau.

Ein zentrales Element ist der Kommentar der alten Marguerite Duras aus dem Off: über weite Passagen Duras'scher Originaltext. In der französischen und englischen Fassung spricht

Je m'appelle Victor: Jeanne Moreau

ihn Jeanne Moreau. Ist das Timbre des Romans klar, illusionslos, trocken, vollkommen unsentimental, so kennzeichnet die deutsche Synchronstimme Selbstmitleid und Alterssentiment. Dies schadet Buch und Film erheblich: es produziert Kitsch, wo keiner ist. (Simone Mahrenholz, Der Tagesspiegel, 27.3.1992)

LA NUIT DE L'OCÉAN. – Frankreich 1987/92. – Regie: Antoine Perset. – Buch: Luigi de Angelis, Catherine Breillat, Antoine Perset (nach einer Idee von Antoine Perset und Luigi de Angelis). – Kamera: Bertrand Chatry. – Schnitt: Albert Jurgenson. – Musik: Gustav Mahler. – Ausstattung: Sylvie Salmon, Solange Zeitoun. – Produktion: Roman Films / CNC. – Produzent: Claude Stadelmann, Oliver Pelat, Hervé Paturle, Georges Catzeflis. – Länge: 85 M. – Farbe. – Premiere Paris: 3.6.1992. – Darsteller: Jeanne Moreau, Pierre-Loup Rajot, Wadeck Stanczak, Jean-Pierre Bisson, Assumpta Serna, Laura del Sol, Jean-Louis Richard.

Jeanne Moreau spielt eine Mutter, die ihren Sohn auf See verloren hat. Sie geht nun mit dessen 25jährigem Freund eine Liebesbeziehung ein, und der Film suggeriert, daß die Mutter dadurch ihren nicht realisierten Inzestwunsch posthum zu verwirklichen sucht. Dieser Tabubruch und die Thematik des Verhältnisses einer älteren Frau zu einem jungen Mann schreckten potentielle Verleiher so sehr, daß der Film erst fünf Jahre nach seiner Fertigstellung ins Kino kam.

DIE ABWESENHEIT / L'ABSENCE / LA AUSENCIA. – Frankreich / BR Deutschland / Spanien 1992. – Regie und Buch: Peter Handke. – Kamera: Agnès Godard. – Schnitt: Peter Przygodda. – Musik: Jean-Paul Mugel. – Ausstattung: Marie-José Branco. – Produktion: Gemini, Paris / Road Movies Filmproduktion, Berlin / WDR, Köln / Marea, Madrid. – Produzent: Paulo Branco. – Länge: 94 M. – kodak color. – Uraufführung (einer 112 M.-Fassung): 5.9. 1992, Internationale Filmfestspiele Venedig. – Kinostart Paris: 20.1.1993. – Spanische Erstaufführung: 13.8.1993. – Deutsche Erstaufführung: 26.1.1994, Berlin, Akademie der Künste. – Kinostart: 24.2.1994. – Darsteller: Jeanne Moreau, Alex Desscas, Bruno Ganz, Sophie Semin, Eustaquio Barjau.

Der Spieler, der Schriftsteller, die junge Frau und der Soldat brechen aus ihrem Alltag aus und wandern durch die Welt, gemäß der alten, tiefen Weisheit, daß alles besser ginge, wenn man mehr ginge. Auf ihrer Wanderschaft werden sie immer mehr auf sich selbst zurückgeworfen. Sie geben ihr Innerstes preis, erzählen von ihren Eltern und Wunden, die das Leben ihnen schlug. Der Schriftsteller, der sich zum Führer aufgeworfen hat, verschwindet eines Tages plötzlich und läßt ein Loch im Mikrokosmos der Wandernden zurück. Die Frau des Schriftstellers (Jeanne Moreau), die zu Hause geblieben ist und doch die Abwesenheit ihres Mannes fühlt, hält einen grandiosen Rachemonolog, der die Hohl- und Halbheiten, die tiefe Leere des übrigen Films vergessen macht. (Klaus Dermutz, Freitag, 11.2.1994)

À DEMAIN. – Frankreich 1992. – Regie: Didier Martiny. – Buch: Yasmina Riza, Didier Martiny. – Kamera: Emmanuel Machul. – Schnitt: Sylvie Quester. – Musik: Anne-Marie Fijal. – Ausstattung: Michel Vandestien. – Produktion: Ciby 2000 / M6 Films. – Produzenten: Florence Quentin, Romain Brémond, Jean-Claude Fleury. – Länge: 105 M. – Farbe. – Premiere Paris: 2.12.1992. – Darsteller: François Cluzet, Jeanne Moreau, François Perrot, Yasmina Reza, Margot Capelier.

Der Protagonist erinnert sich an seine Kindheit in einer Arztfamilie Anfang der sechziger Jahre. Seine Großmutter, gespielt von Jeanne Moreau, nimmt in diesen Rückblenden eine wichtige Rolle ein. Sie philosophiert über das Leben und, vor allem, über den Tod. Sie hat einen großen spirituellen Einfluß auf ihren Enkel, auch über ihren eigenen Tod hinaus.

MAP OF THE HUMAN HEART / CŒUR DE MÉTISSE. – Australien / Kanada / Großbritannien / Frankreich 1992/93. – Regie: Vincent Ward. – Buch: Louis Nowra, Vincent Ward. – Kamera: Eduardo Serra. – Schnitt: John Scott, George Akers. – Musik: Gabriel Yared. – Ausstattung: John Beard. – Produktion: Vincent Ward Films, Sydney / Sunrise Films, Toronto / Working Title Films, London / Map Films, London / Les Films Ariane Paris. – Produzenten: Tim Bevan, Vincent Ward. – Länge: 106 M. – Farbe. – Uraufführung der 126 minütigen Work-in-Progress-Fassung: 11.5.1992, Internationale Filmfestspiele Cannes. – Uraufführung der Final-Cut-Version: 7.1. 1993, Palm Springs International Film Festival. – Premiere Paris: 14.1.1993. – Premiere London: 4.6.1993. – Darsteller: Jason Scott Lee, Robert Joamie, Anne Parillaud, Annie Galipeau, John Cusack, Patrick Bergin, Jeanne Moreau.

Der Film erzählt die Liebesgeschichte zwischen einem kanadischen Eskimo und einer Franco-Indianerin in den dreißiger und vierziger Jahren. Schon als Kinder lernen sich beide in einer Tuberkulose-Klinik kennen, werden jedoch von der Leiterin des Sanatoriums unbarmherzig getrennt. Jeanne Moreau spielt diese strenge katholische Nonne.

JE M'APPELLE VICTOR / MEIN NAME IST VICTOR. – Frankreich / Belgien / BR Deutschland 1993. – Regie: Guy Jacques. – Buch: Guy Jacques, Emmanuel List. – Kamera: Jérôme Robert. – Schnitt: Susana Rossberg. – Musik: Jean-Claude Vannier. – Ausstattung: Jean Rabasse. – Produktion: Les Productions Dussart, Paris / France 2 Cinéma, Paris / Spica Productions, Paris / PDG & Partners, Brüssel / Fidibus Film GmbH, Köln. – Produzent: Michèle Tronçon. – Länge: 102 M. – Farbe. – Kinostart Paris: 18.8.1993. – Deutsche Erstaufführung: 20.1. 1996, WDR. – Darsteller: Claudio Bucella, Jeanne Moreau, Micheline Presle, Dominique Pinon, Brigitte Guiomar, Maria Schrader, Ernst Jacobi.

Ein kleiner Junge vom Lande wirbt um ein Mädchen, das er verehrt, und bedient sich dazu der Erinnerung einer alten Frau. (…) Ein Film von den Kräften, die die Menschen entwickeln im

Widerstand gegen und in der Anpassung an die Zeit (…). Der Film, der erste des jungen Guy Jacques, hat etwas von einer Geisterbahnfahrt – nicht im Sinne eines Horrortrips, mit der Absicht den Zuschauer zu erschrecken, sondern in der Art, wie er die Vergänglichkeit des Lebens vorführt und dabei die Schönheit des Todes. Die alte Jeanne Moreau erinnert hier an Marguerite Duras und Lillian Gish, mit ihrem zarten Gesicht und dem schönen dichten Mädchenhaar. Ihr Körper gehorcht ihr inzwischen nicht mehr, aber in ihren Erinnerungen bewegt sich der kleine Bub wie ein Fisch im Wasser. Und wir, die Zuschauer, mit ihm. (Fritz Göttler, Süddeutsche Zeitung, 20.1.1996)

IT'S ALL TRUE: BASED ON AN UNFINISHED FILM BY ORSON WELLES / IT'S ALL TRUE – D'APRÈS UN FILM INACHEVÉ D'ORSON WELLES. It's all true – Nach dem Film von Orson Welles. – USA / Frankreich 1942/93. – Regie: Orson Welles, Norman Foster (1942), Bill Krohn, Myron Meisel, Richard Wilson (1993). – Buch: Bill Krohn, Myron Meisel, Richard Wilson. – Kamera: Gary Graver. – Schnitt: Ed Marx. – Musik: Jorge Arriagada. – Produktion: Films Balenciaga. – Produzenten: Régine Konckler, Bill Krohn, Myron Meisel, Richard Wilson, Jean-Luc Ormières. – Länge 85 M. – Farbe und Schwarzweiß. – Uraufführung: 15.10.1993, New York Filmfestival. – Premiere Paris: 22.12.1993. – Deutsche Erstaufführung: 11.2.1994, Internationales Forum des Jungen Films, Berlin, Akademie der Künste. – Fernseh-Erstausstrahlung (unter dem Titel »It's all true – Orson Welles auf einer Reise durch Brasilien«): 10.8.1994, premiere. – Free-TV-Erstausstrahlung: 30.1.1998, arte. – Erzählstimme der französischen Fassung: Jeanne Moreau. – Erzählstimme der englischen Fassung: Miguel Ferrer.

Dokumentation über einen von Orson Welles nie fertiggestellten Film.

LES CENT ET UNE NUITS (DE SIMON CINÉMA) / THE HUNDRED AND ONE NIGHTS OF SIMON CINÉMA. 101 Nacht – Die Träume des Monsieur Cinéma. – Frankreich / Großbritannien 1994. – Regie und Buch: Agnès Varda. – Kamera: Eric Gautier. – Schnitt: Hugues Darmois. – Musik: Gérard Presgurvic. – Ausstattung: Cyr Boitard, Cédric Simoneau. – Produktion: Ciné-Tamaris / France 3 Cinema, Paris / Recorded Picture Cy Ltd., London. – Produzentin: Dominique Vignet. – Länge: 125 M. (Deutsche, von Agnès Varda autorisierte Fassung: 105 M.). – Farbe. – Premiere Paris: 25.1.1995. – Deutsche Erstaufführung: 12.2.1995, Internationale Filmfestspiele Berlin, Zoo Palast. – Deutscher Kinostart: 14.9.1995. – Darsteller: Michel Piccoli, Julie Gayet, Marcello Mastroianni, Mathieu Demy, Anouk Aimée, Fanny Ardant, Jeanne Moreau, Hanna Schygulla, Robert De Niro, Alain Delon.

Jeanne Moreau stattet, zusammen mit Hanna Schygulla, dem siechen Monsieur Cinéma (Michel Piccoli) einen Krankenbesuch ab. Man parliert über berühmte Paare der Filmgeschichte: Regisseure und ihre Lieblingsschauspielerinnen – Schauspielerinnen und ihre Lieblingsregisseure. Am Ende dieses 4-Minuten-Auftritts annonciert Jeanne Moreau – en passant – ihre dritte, in Planung befindliche Regiearbeit.

PAR-DELÀ LES NUAGES / JENSEITS DER WOLKEN / AL DI LÀ DELLE NUVOLE. – Frankreich / BR Deutschland / Italien 1995. – Regie: Michelangelo Antonioni, Wim Wenders (Prolog, Überleitungen, Epilog). – Buch: Tonino Guerra, Michelangelo Antonioni, Wim Wenders (nach Erzählungen von Michelangelo Antonioni). – Kamera: Alfio Contini, Robby Müller. – Schnitt: Claudio di Mauro, Michelangelo Antonioni, Peter Przygodda, Lucian Segura. – Musik: Lucio Dalla, Laurent Petitgrand, Van Morrison, U2. – Ausstattung: Thierry Flamand. – Produktion: Road Movies Zweite Produktionen, Berlin / Sunshine / Cine B / France 3 Cinema / Cecchi Gori Group / Tiger Cinematografica. – Produzenten: Philippe Carcassonne, Stephane Tchal Gadjieff. – Länge: 104 M. – Farbe. – Uraufführung (der 113 M.-Fassung): 1.9.1995, Internationale Filmfestspiele Venedig. – Italienischer Kinostart. 27.10.1995. – Deutscher Kinostart: 2.11.1995. – Premiere Paris: 24.1.1996. – Darsteller: Fanny Ardant, Chiara Caselli, Irène Jacob, John Malkovich, Sophie Marceau, Peter Weller, Jean Reno, Jeanne Moreau, Marcello Mastroianni.

Wenn Antonioni den Film nicht gemacht hätte, dann hätte man sie nicht gesehen, diese Nebel von Ferrara, mit denen der Film anfängt und aufhört. Oder den Sturm im Hafen von Portofino, den Regen in den Gassen von Aix-en-Provence. Wim Wenders hat für eine kurze Überleitung Jeanne Moreau und Marcello Mastroianni zusammengebracht, die natürlich an LA NOTTE erinnern und auch daran, daß 30 Jahre ihre Spuren in den Gesichtern von Schauspielern hinterlassen. (Karlheinz Oplustil, epd Film, Nr. 12, 1995)

I LOVE YOU, I LOVE YOU NOT. – Frankreich / Großbritannien 1996. – Regie: Billy Hopkins. – Buch: Wendy Kesselman (nach ihrem eigenen Theaterstück). – Kamera: Maryse Alberti. – Schnitt: Jim Clark, Paul Karasick. – Musik: Mark Berger. – Ausstattung: William Barclay, Gudrun Roscher. – Produktion: Polar Entertainment Corporation / Chrysalis Films International / Rimb Production / Avalanche / Le Studio Canal + / Die hauskunst. – Produzenten: Frank Henschke, Pierre Novat, Joseph M. Caracciolo Jr., John Fiedler, Mark Tarlov. – Länge: 95 M. – Farbe. – Premiere Paris: 28.8.1996. – Darsteller: Jeanne Moreau, Claire Danes, Jude Law, Jerry Tanklow, Carrie Slaza.

Jeanne Moreau spielt die Rolle einer Großmutter, die von ihrer Enkelin nach ihrem Aufenthalt im Konzentrationslager Auschwitz befragt wird. Die Enkelin läßt nicht locker, versucht das Unfaßbare zu begreifen.

THE PROPRIETOR / LA PROPRIÉTAIRE. – USA / Großbritannien / Frankreich / Türkei 1996. – Regie: Ismail Merchant. – Buch: Jean-Marie Besset, George Trow. – Kamera: Larry Pizer. – Schnitt: William Webb. – Musik: Richard Robbins. – Szenenbild: Bruno Santini, Kevin Thompson. – Produktion: Merchant Ivory Productions Ltd., Ognon Pictures & Fez Production Film-cilik / Largo Entertainment / Canal + / Channel Four. – Produzenten: Humbert Balsan, Donald Rosenfeld. – Länge: 113 M. – Fujicolor. – Release USA: Oktober 1996. – Premiere London: 7.2.1997. – Premiere Paris: 27.11.1996. – Darsteller: Jeanne Moreau, Sean Young, Josh Hamilton, Austin Pendleton, Joanna Adler, Nell Carter, Sam Waterston, Elodie Bouchez.

Jeanne Moreau spielt eine berühmte Schriftstellerin, die nach 30-jährigem Amerika-Aufenthalt in ihre französische Heimat zurückkehrt. Ihre Ankunft wird zu einem Medienereignis. Allerdings verzeiht man ihr nicht, daß sie die französische Kultur so lange mißachtet hat.

AMOUR ET CONFUSIONS. – Frankreich 1997. – Regie: Patrick Braoudé. – Buch: Patrick Braoudé. – Kamera: Philippe Pavans de Ceccatty. – Schnitt: Yves Deschamps. – Musik: Jacques Davidovici. – Ausstattung: Emmanuel Sorin. – Produktion: Légende Film / Gaumont / TF 1 Films Production. – Produzent: Alain Goldman. – Länge: 100 M. – Farbe. – Kinostart Frankreich: 5.2.1997. – Darsteller: Kristin Scott-Thomas, Valeria Bruni-Tedeschi, Parick Braoudé, Jeanne Moreau, Arthur Joffé.

Ein Mann und eine Frau verlieren sich nach der ersten Liebesnacht unter unglücklichen Umständen wieder aus den Augen. Durch einen Zufall übernimmt die Frau eine hochdotierte Stelle in der Firma, in der der gesuchte Liebhaber arbeitet. Sie ist nun seine neue Chefin. Jeanne Moreau gibt, in einer Nebenrolle ähnlich der in Luc Bessons NIKITA, weibliches Wissen an eine jüngere Frau weiter.

UN AMOUR DE SORCIÈRE / WITCH WAY LOVE. Der Hexenclub von Bayonne. – Frankreich 1997. – Regie: René Manzor. – Buch: René Manzor. – Kamera: Pal Gyulay. – Schnitt: Christine Kapsambelis-Pansu. – Musik: Jean-Félix Lalanne. – Ausstattung: Thierry Flamand. – Produktion: TF 1 Production. – Produzent: Christian Fechner. – Länge: 105 M. – Farbe, Breitwand. – Premiere Paris: 19.3.1997. – Deutsche Erstaufführung: 1.11.1998, premiere. – Deutsche Free-TV-Premiere: 21.11.1999, Vox. – Darsteller: Vanessa Paradis, Jean Reno, Gil Bellows, Jeanne Moreau, Dabney Coleman. – Der Film wurde in einer französischen und einer englischen Version gedreht.

Den fünf auf dieser Welt übriggebliebenen Hexen fehlt es an Nachwuchs. Als eine von ihnen einen Sohn bekommt, ist nur der Fürst der Finsternis bereit, als Pate zu fungieren. Also sucht die Hexe einen Sterblichen als Paten, in den sie sich aber verliebt. (Lexikon des internationalen Films, Reinbek bei Hamburg: Rowohlt 1998). – Jeanne Moreau spielt Eglantine, die Großmutter der jungen Hexe.

EVER AFTER. Auf immer und ewig. – USA 1998. – Regie: Andy Tennant. – Buch: Susannah Grant, Andy Tennant, Rick Parks. – Kamera: Andrew Dunn. – Schnitt: Roger Bondelli. – Musik: George Fenton. – Production Design: Michael Howells. – Set Decoration: Judy Farr. – Produktion: Mireille Soria Production, Twentieth Century Fox. – Produzenten: Mireille Soria, Tracey Trench. – Länge: 121 M. – Technicolor. – Uraufführung: 29.7.1998, USA. – Release USA: 31.7.1998. – Deutscher Kinostart: 24.12.1998. – Darsteller: Drew Barrymore, Anjelica Huston, Dougray Scott, Patrick Godfrey, Jeroen Krabbé, Jeanne Moreau, Richard O'Brian.

Die Märchensammler Jakob und Wilhelm Grimm staunen nicht schlecht, als ihnen eine edle Grande Dame – Jeanne Moreau in der Funktion der Erzählerin – am französischen Königshof eine perlenverzierte gläserne Pantolette präsentiert: Das soll Aschenbrödels Schuh sein? Damit ist nicht nur der brüderliche Streit um dessen Beschaffenheit hinfällig; die mit der mündlichen Volksüberlieferung vertrauten Forscher erfahren aus dem Mund der Adligen auch die Geschichte der »wahren« Cinderella. Sie hieß Danièlle und lebte, so will es der Film, im 16. Jahrhundert in Frankreich. (Ursula Vossen, Film-Dienst, Nr. 22, 8.12.1998)

] Fernsehen [

LE PETIT THÉÂTRE DE JEAN RENOIR. – Frankreich / Italien 1969. – Regie und Buch: Jean Renoir. – Kamera: Georges Leclerc. – Musik: Joseph Kosma, Jean Wiener; Chanson »Quand l'amour meurt« von Octave Crémieux und G. Millandy, gesungen von Jeanne Moreau. – Ausstattung: Gilbert Margerie. – Produktion: Son et Lumière / O.R.T.F, Paris / R.A.I. / Bavaria. – Produzent: Pierre Long. – Länge: 100 M. – Eastmancolor. – Französische Erstausstrahlung: 15.12.1970. – Pariser Kinopremiere: 15.10.1975. – Darstellerin der 3. Episode (»Quand l'amour meurt«): Jeanne Moreau. – Darsteller der anderen drei Episoden: Nino Fornicola, Minny Monti, Pierre Olaf, Marguerite Cassan, Fernand Sardou, Françoise Arnoul.

L'ARABE. – Frankreich 1982/83. – Regie und Buch: Jacques Doillon. – Kamera: Bernard Dumont. – Produktion: Antenne 2. – Länge: 55 M. – Französische Erstausstrahlung: 22.7.1984, Antenne 2. – Darstellerinnen: Jeanne Moreau, Julie Jézéquel, Valérie Dumas, Catherine Creton.

VICIOUS CIRCLE. – Großbritannien 1984. – Regie: Kenneth Ives. – Buch: Kenneth Ives (nach dem Schauspiel »Huis clos« von Jean-Paul Sartre). – Kamera: Sam Barclay. – Musik: Carl Davis; Jeanne Moreau singt à cappella »The Ballad of Reading Goal«. – Ausstattung: Don Taylor. – Produktion: BBC, London. – Produzent: Louis Marks. – Länge: 99 M. – Britische Erstausstrahlung: 28.4.1985, BBC 1. – Darsteller: Omar Sharif, Jeanne Moreau, Cherie Lunghi, Nicholas Grace.

Shades of Darkness / The Last Seance. – Großbritannien 1984. – Regie: June Wyndham-Davies. – Buch: Alfred Shaughnessy (nach einer Novelle von Agatha Christie). – Kamera: Ray Goode. – Produktion: Granada TV. – Produzentin: June Wyndham-Davies. – Länge: 50 M. – Britische Erstausstrahlung: 27.9.1986, LWT. – Darsteller: Jeanne Moreau, Norma West, Anthony Higgins, Annie Léon.

Le Tiroir secret. – Frankreich 1985/86. – Regie: Nadine Trintignant (5. Episode: »La Mise au point«). – Regie der anderen Episoden: Edouard Molinaro, Roger Gillioz, Michel Boisrond. – Buch: Danièle Thompson, Patrick Besson. – Kamera: Claude Robin. – Musik: Vladimir Kosma. – Ausstattung: Michèle Susini. – Produktion: Mars International Productions. – Französische Erstausstrahlung: 31.5.1986, Canal +. – Darsteller: Michèle Morgan, Jeanne Moreau, Marie-France Pisier, Daniel Gélin, Michel Lonsdale, Tonie Marshall, Liselotte Pulver.

Ennemonde. – Frankreich 1988. – Regie: Claude Santelli. – 6teilige TV-Serie nach dem gleichnamigen Roman von Jean Giono. – Darstellerin: Jeanne Moreau.

Clothes in the Wardrobe / The Summer House. – Großbritannien 1992. – Regie: Waris Hussein. – Buch: Martin Sherman (nach dem Roman »The Clothes in the Wardrobe« von Alice Thomas Ellis). – Kamera: Rex Maidment. – Schnitt: Ken Pearce. – Musik: Stanley Myers. – Ausstattung: Stuart Walker. – Produktion: BBC TV, London / NFH Ltd. – Produzentin: Norma Heyman. – Länge: 79 M. – Farbe. – Britische Erstausstrahlung: 17.1.1993, BBC 2. – Darsteller: Jeanne Moreau, Joan Plowright, Julie Walters, Lena Headey, David Threlfall.

A Foreign Field. – Großbritannien 1993. – Regie: Charles Sturridge. – Buch: Roy Clarke. – Kamera: Richard Greatrex. – Schnitt: John Bloom. – Musik: Geoffrey Burgon. – Ausstattung: Simon Holland. – Produktion: Fingertip Films for Screen One (BBC), London. – Produzenten: Martyn Auty, Steve Lanning, Richard Broke. – Länge: 95 M. – Farbe. – Uraufführung: 10.9. 1993, Toronto Filmfestival. – Britische Erstausstrahlung: 12.9. 1993, BBC 1. – Darsteller: Alec Guinness, Leo McKern, Edward Herrmann, John Randolph, Geraldine Chaplin, Lauren Bacall, Jeanne Moreau.

Katharina die Grosse. – BR Deutschland 1994/95. – Regie: Marvin J. Chomsky, John Goldsmith. – Buch: John Goldsmith, Frank Tudisco. – Kamera: Elemér Ragályi. – Schnitt: Petra von Oelffen. – Musik: Laurence Rosenthal. – Ausstattung: Werner Achmann, Sarah Horton. – Produktion: UFA Fernsehproduktion GmbH / UFA Babelsberg / Patrola Film GmbH / ZDF, Mainz / Skylark Cine, Inc. / MR Film. – Produzenten: Konstantin Thoeren, Wolf Bauer, Marvin J. Chomsky, Kurt J.

Mrkwicka, Fred Sidewater. – Länge: 180 M. – Eastmancolor. – Deutsch-Französische Erstausstrahlung: 28.4.1996, arte. – Darsteller: Catherine Zeta-Jones, Paul McGann, Ian Richardson, Hannes Jaenicke, Veronica Ferres, Mel Ferrer, Jeanne Moreau, Omar Sharif, Horst Frank, Christoph Waltz.

Balzac / Balzac – Ein Leben voller Leidenschaft. – Frankreich / Italien / BR Deutschland 1999. – Regie: Josée Dayan. – Buch: Didier Decoin. – Schnitt: Marie-Josèphe Yoyotte. – Produktion: GMT Productions / DD Productions / Mediatrade / Kirch Media, München. – Produzent: Jean-Pierre Guérin. – Länge: 2 x 90 M. – Farbe. – Erstausstrahlung: 13. und 20.9. 1999, TF 1. – Deutsche Erstausstrahlung: 2. und 3.1.2000, SAT 1. – Darsteller: Gérard Depardieu, Fanny Ardant, Jeanne Moreau, Gottfried John.

Zaïde. – Frankreich 1999. – Regie: Josée Dayan. – Buch: Odile Barski (nach der gleichnamigen Oper von Wolfgang Amadeus Mozart). – Kamera: Willy Stassen. – Schnitt: Marie-Josèphe Yoyotte. – Musik: Bruno Coulais. – Produktion: Canal +. – Produzent: Jean-Pierre Guérin. – Darsteller: Jeanne Moreau, Guillaume Dépardieu, Julie Dépardieu, Mathieu Amalric, Denis Podalydès, Stanislas Merhar.

] Porträts und Auftritte (Auswahl) [

Avignon, Bastion de la Provence. – Frankreich 1951. – Regie: Jean Cuenet. – Produktion: Les Films C.M. Olivié. – Mit Gérard Philippe, Jean Vilar, Françoise Spira, Jeanne Moreau. – Kommentar: Jacques Spira. – Dokumentation über die Proben zu dem Theaterstück »Le Cid«.

Jeanne Moreau interviewée par Marguerite Duras. – Frankreich 1965. – Regie: Roger Pic. – Produktion: INA. – Länge: 9 M. – Erstausstrahlung: 1965, ORTF. – Jeanne Moreau wird in ihrem Haus von Marguerite Duras über Film und Theater befragt.

Les Chansons de Jeanne Moreau. Jeanne Moreau und ihre Chansons. – Frankreich 1966. – Regie: François Reichenbach. – Länge: 45 M. – Deutsche Erstausstrahlung: 25.6.1967, 3. Fernsehprogramm von NDR, RB und SFB. – Mit Jeanne Moreau, Claude Lelouche und dem Gitarristen Elec Bacsik.

Jeanne Moreau. – Frankreich 1972. – Regie: Raoul Sangla. – Produktion: INA. – Länge: 45 M. – Erstausstrahlung: 1972, ORTF. – Filmausschnitte und Interview mit Jeanne Moreau.

Jeanne Moreau – Porträt eines französischen Stars. – BR Deutschland 1972. – Regie: Jean Bolvary. – Produktion: ZDF, Mainz. – Farbe. – Erstausstrahlung: 11.5.1972, ZDF.

Clothes in the Wardrobe: Jeanne Moreau

Vive le Cinéma. – Frankreich 1972. – Regie: Jacques Rozier. – Produktion: Janine Bazin, André S. Labarthe. – Moderation: Jeanne Moreau.

Der Bauer von Babylon – Rainer Werner Fassbinder dreht Querelle. – BR Deutschland 1982. – Regie: Dieter Schidor. – Produktion: Planet-Film, München. – Produzent: Dieter Schidor. – Länge 85 M. – Deutscher Kinostart: 18.3.1983. – Interviews mit Rainer Werner Fassbinder, Franco Nero, Dieter Schidor, Burkhard Driest, Jeanne Moreau.

Les Ateliers du rêve ou Les Grands Studios de cinéma dans le monde. – Frankreich 1985. – Regie: Robert Bellet, Stephen Baily, Pascal Aubier, Christian Biegalski, Stéphane Kurc, Christian Zeender, Marco Muller, Quentin Raspail. – Produktion: Hebdomadaire / TF 1. – Länge: 6 x 55 M. – Präsentation und Kommentar: Jeanne Moreau. – 6-teilige TV-Dokumentation über die großen Filmstudios der Welt.

Vivement Truffaut! – Frankreich 1985. – Regie: Claude de Givray. – Erzählstimme und Kommentar: Jeanne Moreau.

François Simon – La Présence. – Frankreich 1986. – Regie: Ana Simon, Louis Mouchet. – Jeanne Moreau singt »La Folle Complainte« von Charles Trénet. – TV-Dokumentation.

Renoir – Portait de la beauté. – Japan 1986. – Regie: Yutaka Shigenobu, Kazuko Tazawa. – Produktion: T.V. Man Union. – Kommentar und Moderation: Jeanne Moreau.

Cézanne et Gauguin – Deux âmes, la quiétude et la fougue. – Japan 1987. – Regie: Yutaka Shigenobu, Kazuko Tazawa. – Produktion: T.V. Man Union. – Kommentar und Moderation: Jeanne Moreau.

Projection Privée: Jeanne Moreau: mystère et beauté. – Frankreich 1987. – Regie: Marcel Julian.

Jeanne Moreau, la mémoire incandescente. – Frankreich 1987. – Regie: Stéphane Kurc. – Produktion: Ministère des Affaires étragères. – Länge: 11 M. – Deutsche Erstausstrahlung: 22.5.1988, Nord 3. – Jeanne Moreau kommentiert Filmausschnitte in der Theaterkulisse von »Le Récit de la Servante Zerline«.

Calling the Shots. Frauen führen Regie. – Kanada 1989. – Regie: Janis Cole, Holly Dale. – Produktion: Women in Cinema Inc. – Länge 120 M. – Deutsche Erstausstrahlung: 6.7.1990, 3sat. – Interviews mit Jeanne Moreau, Mai Zetterling, Susan Seidelman, Claudia Weill, Lizzie Borden, Ann Hui, Agnès Varda, Lea Pool, Joan Micklin Silver, Karen Arthur, Margarete von Trotta, Chantal Akerman u. a.

Jeanne Moreau – Eine französische Legende. – BR Deutschland 1990. – Regie: Corinne Pulver. – Produktion: Corinne Pulver Productions / BR, München / WDR, Köln. – 92 M. – Erstausstrahlung: 28.5.1990, West 3.

L'Amour du Cinéma – Der Mythos des französischen Kinos. – BR Deutschland 1995. – Regie: Evelyn Schels. – Produktion: Bayerischer Rundfunk. – Erstausstrahlung: 28.11. 1995, Bayern 3. – Interviews mit Jeanne Moreau, Patrice Chéreau, Isabelle Huppert, Claude Chabrol, Agnès Varda, Jean-Claude Carrière, Claude Sautet, Henri Alekan u.a.

 *Literatur* 

] Texte von Jeanne Moreau [

Vogue, Nr. 12, 1970 (Jeanne Moreau ist Gast-Redakteurin der Weihnachtsausgabe des französischen Modemagazins). – Jeanne Moreau: Avant-propos. In: Dominique Fanne: L'Universe de François Truffaut. Paris: Edition du Cerf 1972, S. 7–8. – Henriette Jelinek, Jeanne Moreau: L'Adolescente, d'apres un scénario de Henriette Jelinek et Jeanne Moreau. Paris: Editions Albatros 1979. – Jeanne Moreau: Préface. In: Pierre-Henri Deleau: Les Realisateurs de la Quinzaine (20e Anniversaire Festival de Cannes). Cannes: Quinzaine des Réalisateurs 1988, S. 7. – Jeanne Moreau: Préface. In: La Quinzaine des Réalisateurs à Cannes. Cinéma en liberté. Paris: Editions de la Martinière 1993, S. 10–11. – Jeanne Moreau: Trémois. In: Danièle Heymann / Jean-Pierre Dufreigne: Le Roman de Cannes, 50 années de Festival. o.O.: TF1 Editions 1996, S. 246–247. – Jeanne Moreau: Préface. In: Ismail Merchant: Il était une fois »La propriétaire« ou La naissance d'un film (übersetzt von Daniel Roche). Paris: Nil édition 1996. – Jeanne Moreau: Les plus belles chansons. Paris: Michel 1997.

] Über Jeanne Moreau [

Bücher

Michel Laclos: Jeanne Moreau. Paris: Pauvert 1965. – Jean-Claude Moireau: Jeanne Moreau, une femme, une actrice. o.O.: Calligrammes 1986. – Gabriele Lauermann: Jeanne Moreau. Ihre Filme – ihr Leben. München: Heyne 1989. – Jean-Claude Moireau: Jeanne Moreau. Paris: Editions Ramsay 1988. Dt.: München: Nymphenburger 1990. – Berthe Judet: Jeanne Moreau. Montrouge: Ateliers des Bruges 1992. – Michael Delmar: Jeanne Moreau. Portrait d'une femme. Paris: Editions Norma 1994. – Marianne Gray: La Moreau. A biography of Jeanne Moreau. London: Little, Brown and Company 1994.

Buchkapitel

Gregor von Rezzori: Die Toten auf ihre Plätze! Tagebuch des Films »Viva Maria«. Reinbek bei Hamburg: Rowohlt 1966. –

Oriana Fallaci: Femme fatale. In: O.F.: Gli Antipatici. Mailand: Rizzoli Editore 1966. Deutsch in: O.F.: Ab- und Beifälliges über Prominente. Acht Interviews. München: dtv 1967, S. 97–109. – David Shipman: Jeanne Moreau. In: D.S.: The Great Movie Stars: The International Years. London: Angus & Robertson 1972, S. 373–377. – Roger Manwell: Jeanne Moreau. In: R.M.: Love Goddesses of the Movies. London, New York, Sydney, Toronto: Hamlyn 1975, S. 164–171, 175. – José Luis de Vilallonga: L'Intelligence. Jeanne Moreau. In: J.L.d.V.: Femmes. Paris: Stock 1975. – Madeleine Chapsal: Jeanne Moreau. In: M.C.: La Jalousie. Paris: Fayard 1977, S. 13–41 (Interview zum Thema Eifersucht). – Ken Wlaschin: Jeanne Moreau. In: K.W.: The Illustrated Encyclopedia of the World's Great Movie Stars and Their Films. London: Salamander 1979, S. 205 f. – Karsten Witte: Jeanne Moreau. Femme fatale. In: Adolf Heinzlmeier, Berndt Schulz, Karsten Witte: Die Unsterblichen des Kinos. Glanz und Mythos der Stars der 40er und 50er Jahre. Frankfurt am Main: Fischer 1980, S. 231–237. – Dieter Schidor: Poesie und Schönheit. Interview Jeanne Moreau. In: D.S.: Rainer Werner Fassbinder dreht Querelle. München: Heyne 1982, S. 94–99. – Sabina Brändli, Ruth Bär: Jeanne Moreau. In: Nouvelles Vagues. Jeanne Moreau. Alexander Kluge. Buster Keaton (Dokumentation 1984/85). Hrsg. von der Filmstelle VSETH/ VSU. Zürich: o.V. 1984, S.161–228. – Henry-Jean Servant: Jeanne Moreau. In: H.-J.S.: Vénus de Mélos. Les Belles Actrices du Cinéma Français des Années 60. Paris: Editions Henri Veyrier 1987, S. 156–161, 169–171. – Kerry Segrave, Linda Martin: Jeanne Moreau. In: The Continental Actress. European Film Stars of the Postwar Era. Biographies, Criticism, Filmographies, Bibliographies. Jefferson, North Carolina, London: McFarland & Company 1990, S. 120–131. – Gérard Pangon, Françoise Audé: Jeanne Moreau. In: G.P., F.A.: Cannes, les années festival 1995. Paris: Arte édition: Mille et une nuits 1997.

Zeitungen/Zeitschriften

Anonym: France's Bette Davis. In: Newsweek, Nr. 55, 15.2. 1960. – Alan Stanbrook: The Star they couldn't photograph. In: Films and Filming, Nr. 5, Februar 1963. – Anonym: Moreau Heureuse. In: Elle, Juni 1964. – Werner Kließ: Jeanne Moreau.

Typologie eines Stars. In: Film, Nr. 3, 1965. – Larry Collins, Dominique LaPierre: The Name Is Moreau. In: New York Times Magazine, 21.3.1965. – Marguerite Duras: Jeanne Moreau. In: Vogue, Nr. 146, 15.11.1965. Auch in: M.D.: Outside. Papiers d'un jour. Paris: Editions Albin Michel 1981, S. 209–218. – Herbert Feinstein: Jeanne Moreau in Normandy. In: Per/Se, Nr. 4, Winter 1966. – Nadine Liber: Moreau – She Lives to Love. In: Life International, 6.2.1967 (Fotos und Interview). – Michel Cournot: A côté des secrets. Une interview de Jeanne Moreau. In: Nouvelle Observateur, 7.8.1967. – Klaus Hebecker: Ihr Geheimnis: Faszination. Die Wandlungen der Jeanne Moreau. In: Telegraf, 26.11.1967. – David Dugas: Mit 42 im Wunderland. Jeanne Moreau beginnt neue Karriere in Hollywood. In: Telegraf, 2.8.1970. – Hebe Dorsey: Jeanne Moreau, Editor: Nude Cut. In: New York Herald Tribune, 15.12. 1970. – Nicole Lise Bernheim: Entretien avec Jeanne Moreau. In: Image et Son, Nr. 289, April 1974. Auch in: N.L.B.: Entretien avec Jeanne Moreau. In: Paroles … elles tournent! Hrsg. von: Des Femmes de Musidora. Paris: Editions des Femmes 1976, S. 98–106. – Alain Lacombe: Jeanne Moreau. L'identité avec soi-même. In: Ecran, Nr. 28, August/September 1974 (Interview). – Thomas Kevin: Jeanne Moreau: »I Lead an Incredible Life«. In: Los Angeles Times, 28.11.1974. – Anonym: Moreau: France Accepts Women Directors Easier Than Wisecracking U.S. In: Variety, 19.11.1975. – James Powers: Dialogue on Film: François Truffaut and Jeanne Moreau. In: American Film, Nr. 7, Mai 1976. – Kenneth Turan: Jeanne Moreau. In: Washington Post, 25.6.1976. – Carola Dibbell: The Asymmetrical Woman: Jeanne Moreau at 48. In: The Village Voice, Nr. 21, 15.11.1976. – Judith Thurman: Jeanne Moreau. In: Ms., Nr. 5, Januar 1977. – Penelope Gilliatt: Profiles. In: New Yorker, Nr. 54, 13.3.1978. – Anonym: Jeanne Moreau. In: Ecran, Nr. 75, Dezember 1978, S.71–72 (Bio-Filmografie). – Michael Thomas: Neugierig bleiben auf alles, was kommt. Vom Leinwandstar zur Regisseurin: Berlinale-Gast Jeanne Moreau. In: Die Welt, 26.2.1979. – Jan H. Friedlaender: Ein Rendezvous mit Jeanne Moreau. In: Madame, Nr. 8, 1980. – Angelika Kaps: Filmen keine Harmlosigkeit. Ein Gespräch mit Jeanne Moreau. In: Der Tagesspiegel, 11.4.1982. – Rüdiger von Naso: Jeanne Moreau. In: Frankfurter Allgemeine Magazin, 21.5. 1982. – Don Allen: Moreau in London. In: Sight & Sound, Nr. 3, Sommer 1982. – Emmanuel Decaux, Bruno Villien: Jeanne Moreau. In: Cinématographe, Nr. 82 und 84, Oktober und Dezember 1982 (zweiteiliges Interview). – Mark Ginsburg: Jeanne Moreau. In: Interview, Nr. 12, Dezember 1982. – Gero von Boehm: Jeanne Moreau. Ihr Abenteuer heißt Leben. Die Vergangenheit interessiert sie schon lange nicht mehr. In: Die Zeit, 18.2.1983. – Michael Buckley: Jeanne Moreau. In: Films in Review, Nr. 10, Dezember 1983. – Anonym: Dialog on Film: Jeanne Moreau. In: American Film, Nr. 9, Juli/August 1984. – Françoise Ducont: Interview Jeanne Moreau. In: Elle, 4.2.1985. – Michel Castaing: Jeanne et Jules. Un entretien avec Jeanne Moreau. In: Le Monde, 27.10.1985. – Françoise Sagan: Moreau. In: Vogue, Nr. 175, November 1985. – Danièle Sommer: Jeanne Moreau. Je me moque de vieillir. In: Télé 7 Jours, 8.9.1986. – Marc Chevrie, Serge Toubiana: Le soleil et la lune en même temps. Entretien avec Jeanne Moreau. In: Cahiers du Cinéma, Nr. 392, Februar 1987. – Georges-Arthur Goldschmidt: Als nähme ein dämonisches Geschehen weiter seinen Lauf. Jeanne Moreau als Magd Zerline in Paris. In: Theater heute, Nr. 2, 1987. – W.W. (Wilfried Wiegand): Die vier Karrieren der Jeanne Moreau. In: Frankfurter Allgemeine Zeitung, 23.1.1988. – Friedrich Luft: Vexierspiele des ewig Weiblichen. Ein gallisches Mirakel: Jeanne Moreau wird 60. In: Die Welt, 23.1.1988. – V.B. (Volker Baer): Jeanne Moreau wird 60. In: Der Tagesspiegel, 23.1.1988. – Bettina Musall, Angela Gatterburg: Ich suche aus, wem ich mich unterwerfe. Die Schauspielerin Jeanne Moreau über das Hamburger Frauenfestival, ihre Schauspielkunst und ihre Regisseure. In: Der Spiegel, Nr. 36, 5.9.1988. – Michel Buruiana: Jeanne Moreau. In: Séquences, Nr. 138, Januar 1989. – Joseph Hanimann: Seelenschwester Don Quixotes. In: Frankfurter Allgemeine Zeitung, 29.7.1989. – Jean McGuire: Blitzlicht auf eine Frau mit Eigenschaften. In: Zeit Magazin, Nr. 14, 30.3.1990. – Molly Haskel: La Lumière. In: Film Comment, Nr. 2, März/April 1990. – J.C. Blake: Jeanne Moreau. In: Film Dope, Nr. 45, September 1990 (Bio-Filmografie). – du, Nr. 9, September 1991 (Themenheft: Marcello Mastroianni und Jeanne Moreau. Ein Mann und eine Frau). – Fabienne Pascaud: 1994 par Jeanne Moreau. In: Télérama, 28.12.1994. – Françoise Audé, Michel Ciment, Michel Sineux: Jeanne Moreau. Entretien avec Jeanne Moreau. In: Positif, Nr. 411, Mai 1995. – Horst Knietzsch: Mit der Kunst Leben erfahren. Die Schauspielerin Jeanne Moreau hat 70. Geburtstag. In: Neues Deutschland, 23.1.1998. – Wilfried Wiegand: Melancholische Erotik. Die Schauspielerin Jeanne Moreau wird siebzig. In: Frankfurter Allgemeine Zeitung, 23.1. 1998. – C. Bernd Sucher: Terroristin der Liebe. Zum 70. Geburtstag von Jeanne Moreau, der Einzigartigen. In: Süddeutsche Zeitung, 23.1.1998. – Ralf Schenk: Ein offenes Buch mit sieben Siegeln. Zum 70. Geburtstag der französischen Schauspielerin Jeanne Moreau. In: Berliner Zeitung, 23.1.1998. – Claudine Mulard: Jeanne Moreau célébrée par Hollywood. In: Le Monde, 5.10.1998. – Ginette Vincendeau: The Indiscreet Charm of Jeanne Moreau. In: Sight & Sound, Nr. 12, Dezember 1998.

Fundstücke

Gabriel Clouzet: Jeanne Moreau. Paris: E. Figuière 1911 (Roman). – Elinor Jones: What would Jeanne Moreau do? In: Box office and, What would Jeanne Moreau do? Two Companion Plays. New York, London: French 1983.

 # *Hinweise* 

] Autoren [

Klaus Hoeppner, geb. 1958. Studium der Kommunikationswissenschaften. 1986–1997 Disponent, Archivar und Redakteur bei den Freunden der Deutschen Kinemathek e.V.; seit 1987 Mitarbeit beim Internationalen Forum des Jungen Films. 1989–1991 Redaktion und Moderation bei Radio 100. Freier Mitarbeiter des Filmmuseum Berlin – Deutsche Kinemathek, der Akademie der Künste Berlin und des Museums für Gestaltung Zürich. Gründungsmitglied des Instituts für Stagnation und Stimulanz. Lebt in Berlin.

Peter W. Jansen, geb. 1930. Verlagsbuchhändler, Journalist. Dr. phil. Redakteur bei »Der Mittag«, »Frankfurter Allgemeine Zeitung«, WDR, SWF, dort zuletzt Hauptabteilungsleiter Kultur Hörfunk. Fernseh- und Radiofeatures, Mitarbeit an diversen Zeitungen und Zeitschriften. Herausgeber und Autor der »Reihe Film« (1974–1992; 45 Bände). Lebt in Gernsbach.

Helma Schleif, geb. 1949. Studium der Anglistik und Politikwissenschaften. Veranstaltungsorganisatorin (Begleitprogramme zu Ausstellungen, Filmretrospektiven) und Übersetzerin (Drehbücher, Filmuntertitel, Literatur). 1985–1993 Redakteurin beim Internationalen Forum des Jungen Films und bei den Freunden der Deutschen Kinemathek e.V. (Jüdische Lebenswelten im Film, Filme aus Japan). Freie Mitarbeiterin des Filmmuseum Berlin – Deutsche Kinemathek. Lebt in Berlin.

] Dank [

Für vielfältige und großzügige Unterstützung danken wir herzlich:

André Chevailler (Cinémathèque Suisse, Lausanne), Robert Fischer (Filmmuseum München), Robert Fischer (Bibliothek der Landesbildstelle, Berlin), Patrick Gouëllo (Institut français, Berlin), Manfred Klauß (Berlin), Rüdiger Koschnitzki (Deutsches Filminstitut, Frankfurt am Main), Günter Krenn (Filmarchiv Austria, Wien), Tanja Kreutzer (Institut français, Heidelberg), Armelle Oberlin (Paris), Markku Salmi (The British Film Institute, London) sowie allen Kolleginnen und Kollegen des Filmmuseum Berlin – Deutsche Kinemathek.

Für ihre Hilfe bei der Beschaffung von Filmkopien und der Klärung von Aufführungsgenehmigungen danken wir:
Archives du Film, Bois d'Arcy: Michelle Aubert; Bonner Kinemathek: Sigrid Limprecht; Canal+ Image, Paris; Cinémathèque française, Paris: Bernard Benoliél, Vincente Duchel, Gaëlle Vidalie; Cinémathèque Municipale, Luxembourg: Marc Scheffen; Cinémathèque Suisse, Bernard Uhlmann; Ciné-Tamaris, Paris: Agnès Varda; Eisbach Filmstudio, München: Gundram Göring; Flach Pyramide International, Paris; Cinémathèque Gaumont: Martine Offray; GMT Productions: Lucille Joly; Lucile Haddad; Greenwich Film Production, Boulogne-Billancourt: Dominique Brunet; Kino International, New York: Jessica Rosner; Kirch Media, Ismaning: Hans Kohl; MGM/UA, Santa Monica: John Kirk; Ministère des Affaires Etrangères – Bureau du Cinéma, Paris: Janine Deunf; MK2 Diffusion, Paris: Marin Karmitz, Yann Marchet; Luc Moullet, Paris; Armelle Oberlin, Paris; Président Films, Paris; Téledis, Paris: François Simone-Bessy.

] Fotos [

Filmmuseum Berlin – Deutsche Kinemathek (45)
Filmarchiv Austria (10)
Cinémathèque Suisse, Lausanne (17)
Cinema-Archiv, Hamburg (3)

JULES ET JIM: Jeanne Moreau